本书系山东省自然科学基金项目
"我国新型城镇化建设驱动经济内循环的机制与效应研究"
（编号：ZR2021QG063）阶段性成果

工业化后期

中国城镇化
高质量发展研究

金华旺 ◎著

中国社会科学出版社

图书在版编目（CIP）数据

工业化后期中国城镇化高质量发展研究 / 金华旺著.
—北京：中国社会科学出版社，2023.9
ISBN 978-7-5227-2537-6

Ⅰ.①工… Ⅱ.①金… Ⅲ.①城市化—发展—研究—中国 Ⅳ.①F299.21

中国国家版本馆 CIP 数据核字（2023）第 165851 号

出版人	赵剑英
责任编辑	戴玉龙
责任校对	熊兰华
责任印制	王　超

出　版	中国社会科学出版社
社　址	北京鼓楼西大街甲 158 号
邮　编	100720
网　址	http://www.csspw.cn
发行部	010-84083685
门市部	010-84029450
经　销	新华书店及其他书店
印　刷	北京明恒达印务有限公司
装　订	廊坊市广阳区广增装订厂
版　次	2023 年 9 月第 1 版
印　次	2023 年 9 月第 1 次印刷
开　本	710×1000　1/16
印　张	12.5
字　数	188 千字
定　价	98.00 元

凡购买中国社会科学出版社图书，如有质量问题请与本社营销中心联系调换
电话：010-84083683
版权所有　侵权必究

前　言

城镇化是现代文明的重要标志，也是经济社会发展的重要驱动力量，积极稳妥推进城镇化高质量发展成为促进城乡共荣发展、构建"国内国际双循环"新发展格局和实现共同富裕等目标的战略支撑。党的十八大以来，围绕"以人为核心的新型城镇化建设"目标，政府出台了系列政策部署城镇化的远景规划与落地实施方案，学术界对此也展开了大量研究。依据诺瑟姆曲线，我国的城镇化进程进入中后期发展阶段；与此同时，我国整体上进入工业化后期，城镇化建设面临着新的环境与矛盾问题，城镇化与工业化互动协同发展面临着动力机制转型，探索寻找质量型城镇化建设与深化工业化发展路径成为这一特定历史阶段的重要课题，也是本书研究的逻辑起点。

城镇化和工业化高质量发展是国家实现现代化建设的必然进程。新中国成立以来，我国的城镇化与工业化取得了巨大成就，1949年，全国城镇化率仅为10.6%，工业化率为18.25%，经过70多年的发展历程，城镇化与工业化成绩斐然，人民生产、生活、生态空间质量有了质的飞跃，城镇化与工业化的发展方式由粗放向集约转变，为推动经济持续增长、产业结构升级、区域协调发展、世界性减贫等方面做出了重大贡献，也为全球发展中国家的城镇化与工业化进程提供了中国经验。

改革开放40多年来，我国城镇化与工业化的快速发展为经济增长和人民生活质量的提高发挥了重要作用，城镇化与工业化成为我国经济发展的"双引擎"。2021年，我国常住人口城镇化率已经达到64.72%，正处于城镇化快速发展阶段。我国整体上已经进入工业化后期，面临着全面实现工业化的艰巨历史任务，同时也存在过早去工业化、结构性减速、产能过剩、价值链"双端挤压"和低端锁定等多重压力。长期以来，我国城镇化滞后于工业化发展，全国各地区城镇化与工业化发展水平不平衡、不充分的问题突出，如何实现新型城镇化与新型工业化的良性互动是实现我国经济高质量发展的重要途径。与此同时，以物联网、大数据、云计算、人工智能等新一代信息技术为代表的第四次工业革命正加速推进，为我国新型城镇化与新型工业化发展创造了机遇。基于此，本书立足于我国工业化后期这一特定经济发展阶段，结合我国城镇化与工业化转型发展的现实需求，着眼于构建工业化和城镇化良性互动发展的推进机制，以期推动我国工业化后期新型工业化和新型城镇化高质量发展。

  城镇化与工业化是互为动力、互为因果、相互耦合、协调发展的关系。本书以城镇化与工业化互动协同发展为理论基础，重点阐述了工业化后期城镇化与工业化发展的动力机制转型特征事实。尽管工业化后期的工业化发展对城镇化促进作用有所弱化，但并不意味着工业化会停滞不前，深化工业化高质量发展依然是城镇化的推动力。在此背景下探讨了城镇化与工业化互动协同发展的一般规律及其影响机制、国际经验启示、发展路径，有针对性地提出了工业化后期我国新型城镇化与工业化高质量发展的对策建议。

  理论与实证相结合是本书的主要特色。依据二元经济结构理论、钱纳里和塞尔奎因的结构变革理论、分工理论、非均衡发展理论、新经济地理学理论等相关理论基础，构建了城镇化与工业化互动协同发展的理论分析框架。以地级以上城市面板数据为样本测度了两者之间协同发展水平，在此基础上运用面板计量、空间计量经济学模型对理论机制进行了实证检验，本书认为，集聚效应、技术创新、产业结构升级是促进城镇化与工业化发展的主要动力机制。

  力求前瞻性与实践应用可行性相统一是本书的价值追求。在工业化后期与新一轮产业革命形成历史性交汇的背景下，以人工智能、大数据、云计算、物联网等为代表的新一代信息技术的发展，为我国深化城镇化与工业化的发展提供了新的历史机遇，智慧城市、智能工业化成为新的研究主题，也是新型城镇化与新型工业化发展的重要方向。本书对新一轮产业革命技术经济特征以及对城镇化与工业化发展的影响做了详细分析，并提出了新技术革命背景下推进城镇化和工业化高质量发展的思路对策。

基于国内外已有研究成果的文献梳理，依据二元经济结构理论、钱纳里和塞尔奎因的结构变革理论、分工理论、非均衡发展理论、新经济地理学理论等相关理论基础，构建了以"技术创新—产业结构升级—集聚经济效应"为基础的城镇化与工业化互动协同发展分析框架，刻画了不同工业化阶段城镇化与工业化互动发展的阶段性特征规律。从生产要素、产业发展、技术创新三个层面分析了工业化后期我国城镇化与工业化发展面临的动力机制转型。其后，回顾了我国城镇化与工业化的发展历程，从改革开放前、改革开放至21世纪之初以及工业化后期三个阶段进行梳理，对工业化后期我国"两化"协同发展面临的宏观经济环境、存在的矛盾与问题进行了深入分析。从系统论的视角，利用耦合协调度模型对我国275个地级以上城市的城镇化与工业化协同发展水平进行了测度，分析了我国"两化"互动协同发展的时空分异特征，并利用空间计量模型对城镇化与工业化的互动协同发展的影响机制进行了实证研究。在总结发达国家工业化后期"两化"发展对我国的经验启示基础上提出了我国城镇化与工业化良性互动机制的构建思路。最后，结合第四次工业革命对我国城镇化与工业化的影响机制分析，提出了我国新型城镇化与新型工业化发展主要推进机制创新的对策建议。

通过以上研究，本书主要得出以下结论与观点。理论分析认为，城镇化与工业化是复杂的动态结构系统，两者的互动机理体现为：工业化通过产业结构升级与技术创新作用带动城镇化的发展；城镇化通过集聚经济效应促进工业化的发展，其中集聚经济效应包括要素集聚、产业集聚、创新集聚以及空间溢出效应的发挥。影响城镇化与工业化互动协同发展的外生动力机制还包括政府政策、制度安排、贸易与经济开放度等。不同的工业化阶段，城镇化与工业化的互动关系存在显著差别。工业化后期以来，我国的城镇化与工业化互动协同发展的动力机制正在发生转型，这与其他工业化阶段存在显著的差别。生产要素方面，劳动力、资本、土地、技术创新等传统生产要素的供需结构正发生变化，同时，数据成为新的生产要素；产业动力方面，服务业将成为支撑城镇化与工业化互动协同发展的主导产业，制造业服务化趋势明显，产业升级呈现智能化转型特征；技术创新方面，工业化后期与新产业革命交汇下，突破性技术创新将为我国"两化"互动协同发展提供新的动力源泉。

实证研究发现，城镇化与工业化发展的不平衡不充分问题、产业结构升级面临的结构性问题、城镇化工业化与信息化的融合程度不够、资源约束矛盾问题等是工业化后期我国"两化"面临的主要矛盾和障碍。通过构建系统评价指标体系对我国275个地级以上城市的城镇化与工业化互动协同发展水平测度表明，进入工业化后期以来，我国各地区的"两化"互动协同发展水平不断提升，"两化"耦合协调度呈现明显的空间关联和集聚特征，城镇化与工业化互动协同发展存在空间溢出效应。空间计量模型回归结果表明，核心解释变量产业结构升级、技术创新、产业集聚是"两化"耦合协同发展水平的显著影响因素，城镇化与工业化互动协同发展的影响机制进一步得到验证；社会投资水平、财政收入、社会消费水平等变量对"两化"耦合协调度具有正向促进作用，城乡收入差距变量具有负向影响。进一步拓展分析发现，东部地区的技术创新与经济集聚水平对城镇化与工业化的影响要高于中西部地区，人口规模变量并不显著，验证了工业化后期人口红利消退的理论假设。

国际经验启示表明，典型发达国家工业化后期的城镇化与工业化发展模式呈现多元化，遵循动态比较优势、重视技术创新的作用、发挥政府引导及市场力量双重驱动机制等是我国可资借鉴的重要路径。工业化后期城镇化与工业化良性互动机制的构建应包括以下三个方面：一是要发挥市场机制的决定性作用，实现要素资源优化配置机制；二是建立"两化"良性互动的产业支撑机制；三是要完善城镇化与工业化发展的制度保障机制。

第四次工业革命背景下突破性技术创新及新兴技术产业的发展等因素将对我国新型城镇化与新型工业化发展产生重要影响。本书提出了城镇化与工业化发展的创新思路,新型城镇化建设方面,进一步优化城镇化空间结构;推进城镇化载体转型,构建以城市群为主体、大中小城市与小城镇协调发展的空间格局;推进城乡融合与产城融合发展。新型工业化方面,要以技术创新为动力引擎,提升新型工业化质量;借助新一代信息技术发展,促进信息化与工业化深度融合,推动工业智能化转型;同时优化产业结构,避免过早"去工业化"发展。

本书的创新点在于:(1)基于城镇化与工业化互动协同发展的阶段性特征及规律,将工业化与城镇化的过程打开,立足于工业化后期这一特定经济发展阶段,构建了城镇化与工业化互动协同发展的理论分析框架,并在理论分析的基础上进行相应的量化研究。(2)研究方法上,将地理空间因素纳入实证分析框架,考虑城镇化与工业化互动协同发展的空间溢出效应,并运用空间计量模型对其影响机制进行实证分析,相对于传统计量方法研究城镇化与工业化问题是一个新的尝试和突破。(3)考察了第四次工业革命对我国城镇化与工业化互动协同发展的影响机制,提出了我国工业化后期与新产业革命交汇条件下城镇化与工业化良性互动机制的构建思路及推进机制创新路径,为深化城镇化与工业化研究提供了一个新的视角。

本书适用于高等院校经济学和管理学类研究生,或者供从事区域经济与产业经济、城镇化与相关行业研究的学者参考,亦可以为政府机构尤其是发改委、城市规划建设等部门决策使用。

本书的出版得到了中国社会科学出版社的大力支持和帮助,特别感谢戴玉龙编辑所做的大量编辑工作。由于作者水平有限,本书难免存在不足支出,恳请专家学者批评指正,作者将不断更新和完善。

目　录

第一章　绪论 ··· 1
　　第一节　选题背景与研究意义 ·· 1
　　第二节　概念界定 ··· 8
　　第三节　研究思路及主要内容 ··· 16
　　第四节　创新点与不足之处 ·· 20

第二章　文献综述及理论基础 ··· 22
　　第一节　文献综述 ··· 22
　　第二节　理论基础 ··· 33

第三章　城镇化与工业化互动协同发展的机理分析 ··················· 41
　　第一节　城镇化与工业化互动协同发展的一般机理分析 ······· 41
　　第二节　工业化后期城镇化与工业化互动协同发展的
　　　　　　机理分析 ··· 58
　　第三节　本章小结 ··· 68

第四章　我国工业化后期城镇化与工业化发展的特征事实及
　　　　　互动协同水平测度 ··· 70
　　第一节　我国城镇化与工业化互动协同发展的历史演进 ······· 70
　　第二节　我国工业化后期城镇化与工业化发展的
　　　　　　宏观经济环境与特征事实 ·································· 76
　　第三节　我国工业化后期城镇化与工业化互动协同发展
　　　　　　水平测度及演进特征 ·· 82
　　第四节　本章小结 ··· 101

第五章　我国城镇化与工业化互动协同发展影响机制实证分析 …… 103

第一节　基于空间计量模型的理论基础与研究设计 …… 104
第二节　空间计量模型的构建及空间自相关检验 …… 109
第三节　城镇化与工业化互动协同发展影响机制实证分析 …… 114
第四节　工业化后期我国城镇化与工业化互动协同发展影响机制的拓展分析 …… 124
第五节　本章小结 …… 128

第六章　工业化后期城镇化与工业化高质量发展的国际经验借鉴及启示 …… 130

第一节　典型国家工业化后期城镇化与工业化发展历程 …… 130
第二节　发达国家的经验启示与我国"两化"良性互动机制构建 …… 138
第三节　本章小结 …… 143

第七章　工业化后期我国城镇化高质量发展及深化新型工业化的推进机制 …… 145

第一节　第四次工业革命对我国"两化"互动协同发展的影响机制分析 …… 145
第二节　工业化后期深化我国城镇化与工业化发展的推进机制创新 …… 158
第三节　本章小结 …… 164

第八章　主要结论与研究展望 …… 166

第一节　主要结论 …… 166
第二节　研究展望 …… 169

参考文献 …… 171

第一章 绪论

当前，我国经济发展处于转型期及工业化进程的后期阶段，是全面实现工业化和经济高质量发展的重要历史时期，推动新型城镇化与新型工业化良性互动发展是实现这一目标的关键途径，具有重要意义。本章旨在介绍本书的选题背景、研究意义、主要内容、研究思路、研究框架，以及所采用的主要研究方法，同时对书中所涉及的主要概念进行界定，并简要介绍研究的主要创新点及存在的不足之处。

第一节 选题背景与研究意义

一 选题背景与问题的提出

（一）新型城镇化与新型工业化是我国经济发展的"双引擎"

改革开放40多年来，我国工业化与城镇化的快速发展为实现区域经济发展和人民生活质量的提高发挥了重要作用。我国的常住人口城镇化率由1978年的18%增长到2021年的64.7%，预计到2030年城镇化率达到75%[①]。城市建设由1949年的132个（其中地级以上城市65个）增加到2021年的699个（地级以上城市337个），我国的城镇化进程进入快速发展阶段，城镇化还有较大的发展空间和潜力。1978年我国的工业经济总量为1621.5亿元，2021年达到37.26万亿元，年均增长率达14.56%，工业经济已然起到了我国经济发展的支

[①] 参见摩根士丹利2019年10月发布的蓝皮书报告《中国城市化2.0：超级都市圈》；中国的一些研究如中国社科院2019年10月发布的《城市蓝皮书：中国城市发展报告》预测认为我国的城镇化率到2030年将达到70%，2050年将达到80%左右。

柱作用。

  到 2020 年，我国已基本实现工业化，但这并不意味着会停止工业化进程或者推进工业化高质量发展的意义会降低。进入工业化后期，工业化依然是城镇化的推动力量，两者之间存在长期的协同关系，互动协同发展的经济特征明显。工业化的发展，一方面通过技术创新带动生产效率的提升，促使大量农村剩余劳动力转移出来向城镇集中；另一方面，带动产业结构升级，扩大第二、第三产业的就业需求和市场空间，劳动力就业不断向非农产业转移，为城镇化的发展提供经济基础条件。相对应地，城镇化进程的不断推进为工业化提供了更加坚实的基础。城镇集中了资金、人才、信息等生产要素为工业的集聚发展提供了经济支持、技术支持乃至政策支持。由此可见，在工业化推动城镇化的过程中，城镇化也在不断地反哺工业化。随着我国新型城镇化的推进，城镇化对经济增长的贡献越来越大，主要表现为：一是城镇化带动了大量的投资需求。政府资金的投入吸引了大量社会资金在城镇化聚集，在城市基础设施建设、房地产、公共服务等领域成为投资的重点，带动了各行各业投资需求的扩大，促进了经济的发展。二是城镇化有利于刺激消费，成为扩大内需的重要来源。新型城镇化过程中农民向市民化转型，随着消费方式和生活方式的转变，实现消费结构的升级，从而拉动经济的增长。三是新型城镇化有利于扩大就业。第三产业发展，不仅能够吸引大量转移劳动力，而且为增加劳动力收入创造了条件，进而促进了消费水平的提高。四是新型城镇化的发展，有利于城乡一体化的发展。基础设施、公共服务、城乡要素双向流动等方面逐步实现城乡公共服务均等化，有利于国民经济的持续健康发展。

  工业化是一个国家实现现代化和经济发展的必由之路，改革开放前我国实施重工业优先发展的经济赶超战略，较长一段时间我国的城镇化几乎处于停滞状态，20 世纪 90 年代以来，随着政府投资力度的加大，我国的城镇化速度不断加快，经济增长由工业化这一单一引擎发展为工业化与城镇化的"双引擎"（社科院经济增长前沿课题组，2003）。随着我国进入工业化后期阶段，工业化仍然主导中国经济发展，工业特别是制造业依然是拉动我国经济增长、促进创新驱动发展的核心力量（杜传忠、庞瑞芝，2015）。

（二）我国进入工业化后期与城镇化加速发展期

2021年我国的常住人口城镇化率虽达到64.72%，但户籍人口城镇化率为46.7%，两者之间差距达到18个百分点，总体上仍低于发达国家80%的平均水平，依据诺瑟姆曲线，我国城镇化发展正处于快速增长阶段[①]。党的十九大报告提出，新型城镇化是迈向高质量发展的必由之路，也是推动质量、效率、动力三大变革的重要抓手。工业化方面，对于我国所处的工业化阶段的判断存在较多的争议，夏杰长、倪宏福（2016）通过对我国经济增长的主导产业的甄别，认为我国处于工业化中后期阶段。郝寿义（2019）认为，我国当前处于工业化阶段向后工业化初级阶段的这一转型时期，但尚未进入典型的后工业化阶段。胡鞍钢（2017）以工业增加值占GDP比重、PMI指数、城镇单位工业就业人数等多个方面为依据，认为我国进入后工业化阶段，这一判断仅从工业化发展的角度出发，对社会经济特征变量兼顾得较少。中国社科院出版的《中国工业化进程报告（1995—2017）》（黄群慧、李芳芳，2017）较为权威地阐释了我国工业化整体发展水平以及各地区所处的工业化阶段，分别从人均GDP、三次产业产值比、工业结构指标、城镇化率、第一产业就业比例等指标构建了工业化水平的综合评价体系，对我国各地区的工业化所处的阶段进行了评估和判断。其中，工业化阶段分为前工业化阶段、工业化初期、工业化中期、工业化后期以及后工业化阶段，并且每个阶段分为前半阶段和后半阶段，如表1.1所示。评价结果显示，我国2010年整体上进入工业化后期前半阶段，分省市来看，北京、上海两个地区处于后工业化阶段，天津、江苏、浙江、广东、内蒙古、辽宁、吉林、福建、山东、重庆共10个省市进入后工业化阶段。到2015年全国整体工业化水平进入工业化后期阶段的后半阶段，已没有省份处于工业化初期

[①] 城镇化过程大致分为三个阶段：城镇化初期，城镇化水平低于30%，城镇化速度比较慢；城镇化中期，城镇化水平为30%—70%，城镇化速度非常快；城镇化后期，城镇化水平高于70%，城镇化速度比较慢。

阶段，进入后工业化阶段的地区增至3个，包括北京、上海、天津三地，进入工业化后期的地区增至16个，分别为浙江、江苏、广东、辽宁、福建、重庆、山东、湖北、内蒙古、吉林、河北、江西、湖南、陕西、安徽、河南。四川、青海、宁夏、广西、山西、黑龙江、西藏、新疆、甘肃、海南、云南、贵州共12个省市处于工业化中期阶段。

表1.1　　　　　　　　工业化发展阶段及主要经济指标

发展阶段及主要指标	工业化 初期阶段	工业化 中期阶段	工业化 后期阶段	后工业化阶段
经济发展水平（人均GDP/美元）	1654—3308	3308—6615	6615—12398	12398以上
产业结构（三次产业比值）	一产>20% 一产<二产	一产<20% 二产>三产	一产<10% 二产>三产	一产<10% 二产<三产
制造业增加值占商品生产部门增加值的比重（%）	20—40	40—50	50—60	60以上
城镇化率（%）	30—50	50—60	60—75	75以上
第一产业就业占总就业比重（%）	45—60	30—45	10—30	10以下

资料来源：根据《中国工业化进程报告（1995—2020）》整理。

基于已有学者的研究及事实判断，按照工业化进程五个阶段的划分（前工业化阶段、工业化前期、工业化中期、工业化后期、后工业化阶段），本书认为我国整体上处于工业化后期，距离完成工业化进程还有一段距离。工业化后期阶段所指的时间节点是从2010年以后的20年左右的时间，直至我国将全面实现工业化这一阶段。这与党中央提出到2020年基本实现工业化，到2030年全面实现工业化的目标定位基本保持一致，也基本符合我国经济社会发展的实际。在没有特别说明的情况下，本书提到的"工业化后期"均指我国整体上的工业化发展阶段，后文的研究基于这一背景展开，而与不同地区所处的工业化阶段无关。未来一段时期将是我国深化工业化进程、全面实现现代化的关键时期，同时新一轮产业革命为我国工业化的发展提供了机会窗口，不断促进工业化与信息化、智能化融合发展。

（三）新一轮产业革命加速城镇化和工业化进程

随着新一轮产业革命的加速推进，人工智能、物联网、大数据、云计算等新一代信息技术的发展将是驱动生产力变革的关键力量，对新型城镇化和新型工业化发展产生重要的推动作用。科技创新是城镇化和工业化互动发展的重要驱动因素，科技发展的方向和水平对城镇化和工业化的发展模式和形态产生直接影响。城镇化方面，新一轮产业革命必然引起城市经济及城市体系的新变革，城市的发展要顺应新技术革命，大规模基础设施建设投资必将成为最新科技成果产业化应用的最佳场所，也是城市产业转型升级的基础。工业化方面，新一代信息技术的发展对产业的生产方式和组织方式产生深刻的变革，其主要表现有生产智能化、组织平台化、创新开放化、产业融合化等趋势和特征，由于科技发展所带来的这些变化对工业经济和城市经济都会产生系统而深刻的影响。随着人工智能技术的发展，新产业革命背景下"智能+"成为工业制造业提质升级的重要方向，近年来，我国出台了《新一代人工智能发展规划》《关于促进人工智能和实体经济深度融合的指导意见》等系列政策措施，将人工智能产业的发展作为我国新旧动能转换的重要动力。此外，新产业革命背景下新技术、新产业、新模式、新业态不断涌现，部分传统产业和行业也将面临颠覆性变革。工业化是"资本增密、排斥劳动"的过程，在传统的工业生产当中，企业通过压缩劳动力成本以及扩大规模获得超额利润，但在新科技革命及工业4.0时期，高度自动化、智能化的生产仅需要较少的劳动力，取而代之的是大规模的机器装备。同时，新经济的发展使部分传统产业受到挑战，产业之间的边界被打破，不同产业之间趋于融合发展，新业态和新模式不断涌现。如大数据与实体经济融合发展成为工业制造业发展的重要方向，数字经济的发展使得数据成为与资本、劳动、技术并行的重要生产要素。

与此同时，已进入后工业化阶段的发达国家为了抢占未来产业竞争和新技术革命的制高点，重新振兴实体经济，纷纷提出了再工业化战略，全球工业化的发展模式正向智能化转变。各国不断加大科技创新力度，尤其是在工业互联网、大数据、物联网、云计算、3D 打印、新能源、生物工程等领域的战略布局。如美国的"工业互联网"战略、德国的"工业 4.0"战略，强调依靠物联网、物理信息系统等先进的信息技术与工业化制造业的融合发展，不断向智能制造、云制造、绿色制造等新型生产方式转变。

（四）研究问题的提出

工业化与城镇化能否高效协同，会直接影响国家和地区的经济健康持续发展和社会进步。随着新产业革命加速推进，中国将新型工业化、新型城镇化上升为国家战略，工业化、城镇化进程已步入全新的发展阶段。当前，我国的新型工业化与新型城镇化发展是第四次工业革命以互联网、大数据、云计算、人工智能等为代表的新一代信息技术和以绿色能源为代表的新能源技术为背景推动发展的。基于此，立足于中国已进入工业化发展后期、新一轮产业革命正在全球加速推进、全球产业发生深刻变革的复杂经济背景，着眼于如何构建工业化和城镇化良性互动协同发展的推进机制，避免传统工业化和城镇化建设的弊端，探索新型工业化和新型城镇化发展的新模式和新路径，推动新型工业化和新型城镇化高质量发展，是本书的出发点和落脚点。

二 研究意义

（一）理论价值

第一，有助于深化新型工业化与新型城镇化的理论研究。本书从系统的、演进的角度构建"技术创新—产业结构升级—集聚经济效应"解释城镇化与工业化互动协同发展的理论框架，对城镇化与工业化互动发展的一般规律进行了深入分析，并对城镇化与工业化互动演进的阶段性特征规律进行了讨论。同时利用实证分析对所建立的理论机制进行检验，并总结研究发达国家工业化后期城镇化与工业化发展对我国的经验启示。虽然已有大量文献对城镇化与工业化的互动协同关系进行了研究，但少有从不同工业化阶段来考察"两化"互动协同的规律及特征，并结合工业化后期与新产业革命历史性交汇这一特定经济背景，深入分析"两化"互动协同发展的动力机制、推进机制与路径，是对已有新型工业化与新型城镇化理论的拓展和补充，为新的经济背景下"两化"协同发展理论提供有益探索。

第二，有利于深化以新一代信息通信技术创新应用为核心特征的新一轮工业革命的相关研究。随着当前第四次工业革命的加速推进，大数据、物联网、云计算、人工智能等新兴产业与突破性技术创新不断涌现，对我国城镇化与工业化发展产生广泛而深远的影响，最典型的特征表现为新一代信息技术推动我国城市不断向智慧化发展，以人工智能为代表的技术创新与工业制造业深度融合，加速工业制造业向智能化转型。本书以此为背景，着重考察了第四次工业革命对我国城镇化与工业化的影响，所展开的相关研究有利于推进当前以新一代信息通信技术为核心的新产业革命的相关研究。

（二）现实意义

城镇化与工业化是经济发展的双动力，这一基本判断在学术界已经成为共识。工业化后期，我国经济亟待转型发展，改变粗放式经济发展方式已经变得十分迫切，存在"过早去工业化"、产业发展面临结构性减速、产能过剩、价值链"双端挤压"和低端锁定等多重压力。与此同时，我国面临着全面实现工业化的历史任务，城镇化与工业化发展水平在全国不平衡不充分的问题突出，如何推进以人为核心的城镇化高质量发展也成为社会普遍关注的焦点。本书的现实意义在于以下几个方面：首先，通过对城镇化与工业化互动协同的基本规律总结基础上，探讨工业化后期城镇化与工业化发展路径及机制构建，有利于为我国深入推进工业化与城镇化的发展提供思路借鉴与政策启示。第二，有利于深入认识和把握工业化后期及新一轮产业革命条件下我国城镇化与工业化互动协同发展的机理及趋势，以及新一轮产业革命对我国"两化"协同发展的影响。第三，通过对"两化"协同发展的影响机制的探索和分析，有利于地方政府及相关职能部门制定调整推动城镇化与工业化发展的政策制度，形成有针对性的措施。

第二节　概念界定

城镇化与工业化（以下简称"两化"①）互动协同研究涉及经济学、人口学、地理学、社会学、系统科学等多个学科领域，研究视角多样，现有研究对相关概念的界定也层出不穷。研究两者的关系，必须从概念的理解和内涵的把握入手，通过对已有研究文献的梳理，基于既定的研究框架对城镇化及工业化相关概念进行清晰界定和分析是本书后续研究的基础。

一　高质量城镇化的相关概念及内涵特征

城镇化概念的内涵十分丰富，不仅包括人口、生产生活方式、产业空间等由乡村向城市转移的变迁过程，而且代表城市本身的发展过程和一个国家或地区的经济社会现代化发展水平。城镇化的英文翻译为"Urbanization"，国际上通常更多运用"城市化"的概念，出于对我国基本国情考虑，学术理论界以及政府官方文献表述倾向于应用"城镇化"的概念。城镇化的外延要比城市化更为广泛，既含有"城市"又包括"城镇"。其中，小城镇的发展是我国农村发展战略的重要组成部分，也是现存城乡二元体制结构下承接广大农村人口向城镇转移的重要平台载体。党的十九大报告提出"以城市群为主体构建大中小城市和小城镇协调发展的城镇格局"，这对我国城镇化发展的含义有了明晰的界定。需要说明的是，本书对于引用原文文献表达及国外对城镇化的表述，"城市化"与城镇化表示的含义相同，不再做区分。

随着不同学科对城镇化研究的深入发展，切入视角的不同，学者们对城镇化概念的理解和界定也不统一。但从现有文献梳理来看，主要从人口流动、生产生活方式转变、产业空间转移等方面展开。辜胜阻（1991）在《非农化与城镇化研究》中较早提出并拓展了城镇化

---

① 在没有特殊说明的情况下，本书后面章节提到的"两化"均指城镇化与工业化。

的概念，认为城镇化是在经济发展过程中，人口不断由农村向城镇集中的动态过程。汪光焘（2002）认为，城镇化是伴随着现代工业和社会、经济社会分工的细化而产生人口向城市集聚的过程。简新华（2003）认为，城镇化是指第二、第三次产业在城镇集聚，农村人口不断向非农产业和城镇转移，使城镇数量增加、规模扩大，城镇生产方式和生活方式向农村扩散，城镇物质文明和精神文明向农村普及的经济、社会发展过程。魏后凯（2005）从结构变迁的角度对城镇化给出了定义，认为城镇化的实质是经济结构、社会结构和空间结构的变迁过程，经济结构表现为产业结构的非农化，社会结构变迁是指农村人口逐步转变为城镇人口以及城镇文化、生活方式和价值观念向农村扩散的过程；空间结构变迁为各种生产要素和产业活动向城镇区域聚集以及聚集后的再分散过程。国家统计局课题组（2002）研究认为，城镇化是农村人口向城镇转移、集中以及由此引起的产业和就业结构非农化重组的一系列制度变迁的过程，通常城镇化水平典型指标用城镇化率来表示。美国学者布莱恩·贝利（Brian Berry）在《比较城市化：20世纪多元化道路》中通过比较不同国家和地区的城镇化道路的差异的成因，研究认为，城镇化内涵不仅包括城市人口和城镇数量的增加，还包括既有城市经济社会的进一步社会化、现代化和集约化。

进入21世纪以来，随着我国城镇化的发展以及对城镇化研究的不断深入，针对我国城镇化发展过程中出现的人口城镇化滞后于土地城镇化、"半城镇化"、城镇用地粗放、环境承载力不断下降以及"城市病"的出现等问题，提出了新型城镇化的概念。新型城镇化是在传统城镇化内涵基础上的理念更新，其核心是人的城镇化，更加注重协调发展、产业支撑、集约化和生态化的可持续发展模式（彭红碧、杨峰，2010）。新型城镇化的内涵突出质量优先、适度规模（李国平，2013），健康可持续的新型城镇化应从数量提升到质量转型（尹稚，2013）。仇保兴（2012）认为，新型城镇化不仅包括传统城镇化中农村人口向城镇聚集，也应该包括城镇产业向农村扩张的过程，其"新"的内涵主要体现在注重将经济高效、社会和谐、资源节约、环境优美四个方面有机地统一起来。新型城镇化更加注重城乡之间人口、资源、环境协调发展，推进集约型可持续发展、促进区域协同发展（陈甬军、景普秋，2008；向晶、钟甫宁，2018）。新型城镇化强调内源发展、创新发展，离不开创新系统的支撑，包括科技创新、制度创新、组织创新、文化创新等，依靠创新驱动提高城市的内生动力（魏娟等，2008）。

进入新发展阶段，国家陆续出台了《国家新型城镇化规划（2021—2035）》《"十四五"新型城镇化实施方案》等重要文件，对深入推进以人为核心的城镇化战略和质量型城镇化建设提出了明确要求，要促进农业转移人口市民化，完善以城市群为主体形态、大中小城市和小城镇协调发展的城镇化格局，推动城市健康宜居安全发展，推进城市治理体系和治理能力现代化，促进城乡融合发展。我国城镇化已经进入中后期阶段，学术界认为，面向2035年的高质量城镇化应该具备人口质量提升、城镇产业数字化程度高、城市更新智慧化、城镇区域绵延扩展等特征（倪鹏飞、徐海东，2022）。

通过对城镇化的概念和内涵分析来看，目前学术界尚未形成统一的界定，但进一步综合比较可知，城镇化具有以下主要特征：第一，城乡人口结构的变化。随着城镇化的推进，农村人口不断向城镇转移，随之城镇人口在总人口中的占比不断上升，具体体现为城镇化率的提高，这也是城镇化的基本表现形式和量化特征。第二，经济结构的转变。农村人口向城市聚集后，农业产业的就业比重逐步下降，从而转移到第二、第三产业当中；从产业结构方面来看，非农生产活动不断增加，城镇第二、第三产业得到快速发展，从而推动城镇产业结构不断升级，这是城镇化的基本动力。第三，空间结构及地域景观的转变。各种生产要素和生产活动向城镇聚集，城镇空间形态不断扩张，城市规模和数量增多，新的城镇地域、城镇景观的涌现和城市基础设施得到改善和优化。第四，生产生活方式和价值理念的转变。一方面农村生产要素向城市转移，城乡之间的沟通和交流不断加深，农业活动向非农业活动转型发展，人的生活方式随之发生改变；另一方面，城镇化也是城市文化、价值观念等向乡村扩散和渗透的过程，使得城市文明与乡村文明融合发展，这是城镇化的文化特征。第五，经济集聚效应。城镇化过程不仅形成生产要素的集聚，还包括城市自身的发展和城市功能的完善；随着城镇基础设施的不断完善和城镇环境的优化，吸引劳动力、资金、技术等要素不断集聚，促进产业向集群化发展，城镇地区的技术经济优势不断显现。

基于以上分析，从城镇化与工业化互动协同的视角出发，本书认为城镇化是以工业化和技术创新为驱动力，以农村人口不断向城镇转移为基本特征，生产要素不断向城镇聚集，产业结构向非农化转变，以及由此导致生产和生活方式转变的过程。

二 工业化的相关概念

工业化（Industrialization）是经济增长、社会发展和经济结构转变的一个过程[①]，属于发展经济学范畴。自18世纪英国工业革命以来，工业化成为各个国家和地区经济增长的重要内容，一直备受经济学者的关注和研究，对其概念和内涵的讨论也在不断深化，具有代表性的观点有以下几种。首先，一般狭义的工业化指制造业（尤其是重工业部门）或第二产业在国民经济中比重的增加，这也是在工业化初期西方经济学者将制造业的发展作为经济发展目标的直接体现。第二，以古典经济增长理论为基础对工业化内涵的界定，代表人物西蒙·库兹涅茨（1989）认为工业化过程即"产品的来源和资源的去处从农业活动转向非农业生产活动"。这个定义既体现了工业化的经济结构转变的特征，又包含了工业化的资源配置效应，其中"非农业生产活动"包含了第三产业，"产品的来源"是从产出的角度阐释了工业化与经济增长的一致性。第三，工业化还体现为生产组织方式的变革和社会生产力的发展。我国经济学家张培刚在《农业与工业化》一书中提出工业化即"国民经济中一系列重要的（Strategical）生产函数（或生产要素组合方式）连续发生由低级到高级的突破性变化（或变革）的过程"。定义中"重要的生产函数"是指经济中处于支

[①] 这一论断参照了《新帕尔格雷夫经济学大辞典》的权威解释，工业化作为一种动态过程，其基本特征有两个方面：一是制造业活动和制造业产值在国民经济中的比例上升（因经济周期造成的中断除外）；二是从就业构成来看，工业化进程中的第二产业劳动人口数量在不断增加；同时强调了这一过程中人均收入的增加（直接体现为经济增长的动力）。

配地位的生产函数，这种生产函数可能最早产生于某一个生产单元，然后扩散遍及整个社会经济部门；而且强调了变化由低级到高级的动态过程；生产函数的突破性变化体现了社会生产力的变革。这个定义虽然抽象，但内涵更为广泛，强调工业化不仅是工业本身的发展，还包括农业的工业化，也蕴含着工业化质变与突变的问题。

工业化的内涵本身也是不断演进和变化的过程，我国在党的十六大报告中提出了新型工业化的概念，赋予了中国特色工业化的新内涵。传统工业化道路长期追求数量的增长而忽视质量的提高和经济结构的优化，因而导致资源过度消耗，生态环境遭到破坏，发展方式不可持续等问题。新型工业化强调工业化与信息化深度融合、相互推动，以自主创新为动力，以构建现代产业体系、协调发展的区域结构和具有竞争力的国际分工结构为支撑，并与城镇化、农业现代化协同发展。学术界对新型工业化道路及内涵做了大量探讨，如江小涓（2002）认为，新型工业化是经济既高速增长又降低消耗资源和污染环境，既提升结构又能扩大就业，速度与效益相结合的工业化。曹建海和李海舰（2003）从所有制结构、政府职能转变、产业组织形式、信息技术的作用等8个方面分析了新型工业化与传统工业化的区别以及实现途径。随着第四次工业革命的加速推进，知识、信息、数据等成为新的生产要素，人工智能、大数据、云计算等基础技术的整合与创新被赋予了新型工业化新的内涵。贾根良（2015）提出增添新型工业化新的内涵应包括可再生能源与信息技术比肩重要的地位，信息化基础上重视智能化新发展理念，将新材料和纳米技术纳入新型工业化的战略视野。王聪（2016）认为，新工业革命背景下，新型工业化是以能源技术、材料技术、生物技术等的发展，通过数字化、网络化、智能化生产，实现信息技术与传统产业的融合发展。

根据以上分析，本书主要从城镇化与工业化之间的关系入手来理解工业化，提出工业化的概念：工业化是指以产业结构非农化为基本趋势，以工业技术创新为引领，推动生产要素从低效率到高效率的部门（或区域）转移，从而引起产业变革、社会结构变迁、经济增长以及生产力不断进步的动态过程，是实现现代化的必经历史阶段。

三 互动协同的概念及内涵

协同理论是解释复杂系统内子系统之间非线性发展关系的重要依据，最早由德国物理学家哈肯（H. Haken）提出，以分析复合系统内各子系统之间的复杂的相互作用机制及演化规律为研究对象。重点研究开放系统在非均衡状态下，通过与外界信息、物质、能量的交流和发挥自身的功能和内生调节作用，进而形成功能有序、时间和空间上均衡发展的自组织结构的过程（Jon B. Thornberry，2002）。该理论认为自组织现象是其中的重要规律，即在一定条件下，复合系统内的子系统之间通过非线性作用，从无序走向有序、由非均衡状态走向均衡的发展过程。协同和竞争是自组织系统演化的双重驱动力，子系统之间的竞争效应使系统趋于非均衡，而子系统之间的协同作用使得某些子系统的运动趋势逐渐占据主导地位进而支配综合系统向均衡路径发展。

随着协同理论研究发展和认识的不断深入，应用范围逐步得到拓展，也被用以解释在经济学和社会学中常见的现象。随着我国经济社会的发展，尤其是改革开放 40 多年来，城镇化和工业化取得了显著的成效，"两化"发展具有多重结构典型的复杂系统协同性特征。城镇化和工业化系统涉及区域经济结构、技术创新、政策体系、资源环境、空间结构等多个子系统。进一步细分来看，如区域经济结构子系统又包括产业结构、劳动力结构、需求结构等；技术创新子系统包括创新主体（企业）、人才资源、基础设施、创新环境、创新政策等要素构成；政策体系也是城镇化和工业化发展的关键部分。从我国城镇化和工业化的发展历程来看，并非通过市场驱动或者政府推动单独某一方面作用来实现的，而是共同作用的结果，因此政府政策对两者的发展发挥着至关重要的作用，当然政策体系包括财政政策、货币政策、公共政策、产业政策等。任何形式的经济发展过程都离不开资源环境及基础禀赋条件的约束，在推进资源节约型环境友好型工业化的同时，包括山水田林湖草等基础自然资源的要素必然成为子系统中需要考虑的因素。空间地理因素是影响经济发展的至关重要的变量，空间结构子系统中需要考量城市空间、乡村布局、经济密度、机场和港口等关键基础设施因素所构成的综合影响。工业化和城镇化内部的各子系统以及构成各子系统的要素之间相互存在复杂的作用关系和自组织的运行轨迹，各自对经济发展的不同的作用方式和功能的发挥，构成了工业化和城镇化不同的形态和阶段性特征。

  基于以上分析，城镇化和工业化的互动协同发展过程具有以下特点：一是城镇化与工业化是开放的经济系统，使资本、技术、劳动力等要素在地域空间集聚，推动经济发展。二是城镇化和工业化两个子系统之间有着各自的目标和经济社会功能，而且目标发展方向趋于一致，进而推动整个经济系统的协同发展，当然，如果城镇化与工业化两个子系统之间存在相互制约的情况，则需要进行调整。三是在城镇化与工业化协同发展的同时，也体现出"互动"的特点，即工业化与城镇化之间相互作用、相互影响、双向促进，工业化的发展推动了城镇化的发展，城镇化过程也加速了工业化进程。客观上工业化是城镇化的基本动力，城镇化为工业化提供了载体平台，这一特征已有大量理论证实其形成动力机制及经济效应。如杜传忠等（2013）通过格兰杰因果关系检验证明工业化与城镇化之间存在双向互动关系，并采用耦合协调度模型测度出了我国各地区工业化与城镇化的协同发展水平；谢晗进等（2019）运用空间计量模型通过实证检验了我国 31 个省市的工业化与城镇化互动协同响应机制。因此，本书依据协同理论的基本特征以及工业化与城镇化的发展规律，定义城镇化与工业化的发展是互动协同的过程，互动协同的目的是实现工业化与城镇化的协调、可持续发展。对于工业化与城镇化互动协同的机理本书将在后文进行论述。

四 机制的概念界定

  "机制"一词是始用于机械工程学的概念，原指机械构造和工作原理，包括机械部件之间的相互联系、因果关系及运行方式。随着交叉学科的发展，机制的本义引申到社会学、经济学、生物学、医学等多个领域，如经济学中的竞争机制、价格机制、产权机制，管理学中的分配机制、防控机制等。从系统论的角度分析，机制是指客观事物或现象的若干组成要素聚合成为具有特定结构和功能的有机整体的法则或规律。这一概念包括三个基本内涵，一是系统要素之间的相互关系、结构；二是系统运行过程中所发挥的作用、效应，即系统的功能；三是系统各组成部分发挥功能的作用原理和作用方式。

城镇化与工业化是两个相互联系、相互促进复杂的经济系统，要揭示城镇化与工业化互动协同发展的经济学规律，将机制一词引入研究内容当中具有一定的适用性和可行性。本书所指的城镇化与工业化互动协同发展机制研究内涵包括两个方面：一是城镇化与工业化互动协同的机制研究，内容包括城镇化与工业化互动协同的机理（城镇化与工业化相互作用的基本原理）、城镇化与工业化互动协同的动力机制（内生和外生）；二是城镇化与工业化互动协同发展的推进机制研究，内容包括工业化后期城镇化与工业化良性互动的推进机制构建、新型城镇化的推进机制创新、新型工业化的推进机制创新，机制研究的内涵如图 1.1 所示。之所以将推进机制纳入本书的研究框架，其原因如下：一是推进机制是对城镇化与工业化互动协同发展机制认识的深化，城镇化与工业化是一个动态的过程，是经济高质量发展的两个重要引擎，没有有效推进机制的形成，就不会有城镇化与工业化良性互动发展；二是从本书的研究设计来讲，基于"提出问题—分析问题—解决问题"的研究思路，推进机制的构建是解决问题的重要体现，也是本书研究内容的重要组成部分。

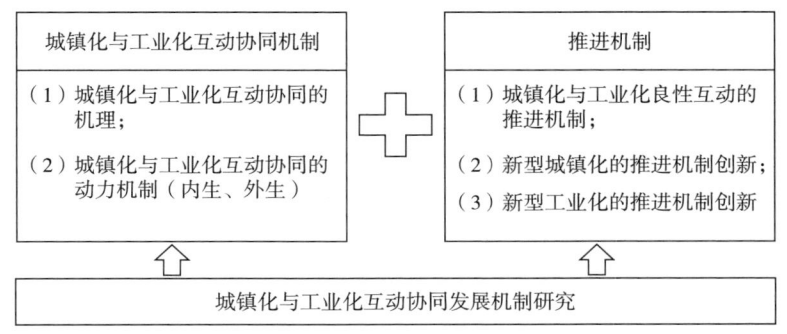

图 1.1 本书"机制研究"的内涵结构

第三节 研究思路及主要内容

一 研究思路

本书按照"理论分析—实证检验—机制构建"的系统分析思路进行展开：首先，在阐述理论基础与现状背景的基础上，提出研究问题；其次，在文献综述与机理分析的基础上，按照理论机制构建（城镇化与工业化互动协同发展的一般机理、阶段性特征规律、工业化后期"两化"协同发展的机理）、历史考察（我国"两化"互动协同发展的历史演进、典型发达国家工业化后期的经验启示）、实证分析（我国"两化"互动协同发展的水平测度、影响机制的实证检验）、解决问题（我国工业化后期"两化"互动协同发展的良性互动机制构建与推进机制创新路径分析）、未来改进（在总结本书主要结论与不足基础上提出未来的研究方向）及政策建议。主要研究思路如图1.2所示。

二 主要内容

按照以上的研究思路及框架，本书的研究内容分为8章，各章节基本内容如下：

第一章是绪论。本章主要阐述全书的选题背景与研究意义，同时明确全书的研究思路、框架、主要内容及采用的研究方法，对书中所涉及的相关概念进行界定，并指出本书的主要创新点与存在的不足之处。

第二章是文献综述及理论基础。首先对城镇化与工业化研究的国内外相关文献进行梳理和归纳，主要包括城镇化与工业化发展的关系、互动机制、工业化后期我国工业化与城镇化转型发展以及两者互动协同的经济效应研究等方面；理论基础包括二元经济结构理论、钱纳里—塞尔奎因的结构转型理论、分工理论、非均衡增长理论以及新经济地理学理论。

第三章是城镇化与工业化互动协同发展的机理分析。首先对城镇化与工业化互动协同的内在机制与演化路径进行总结，构建"技术创

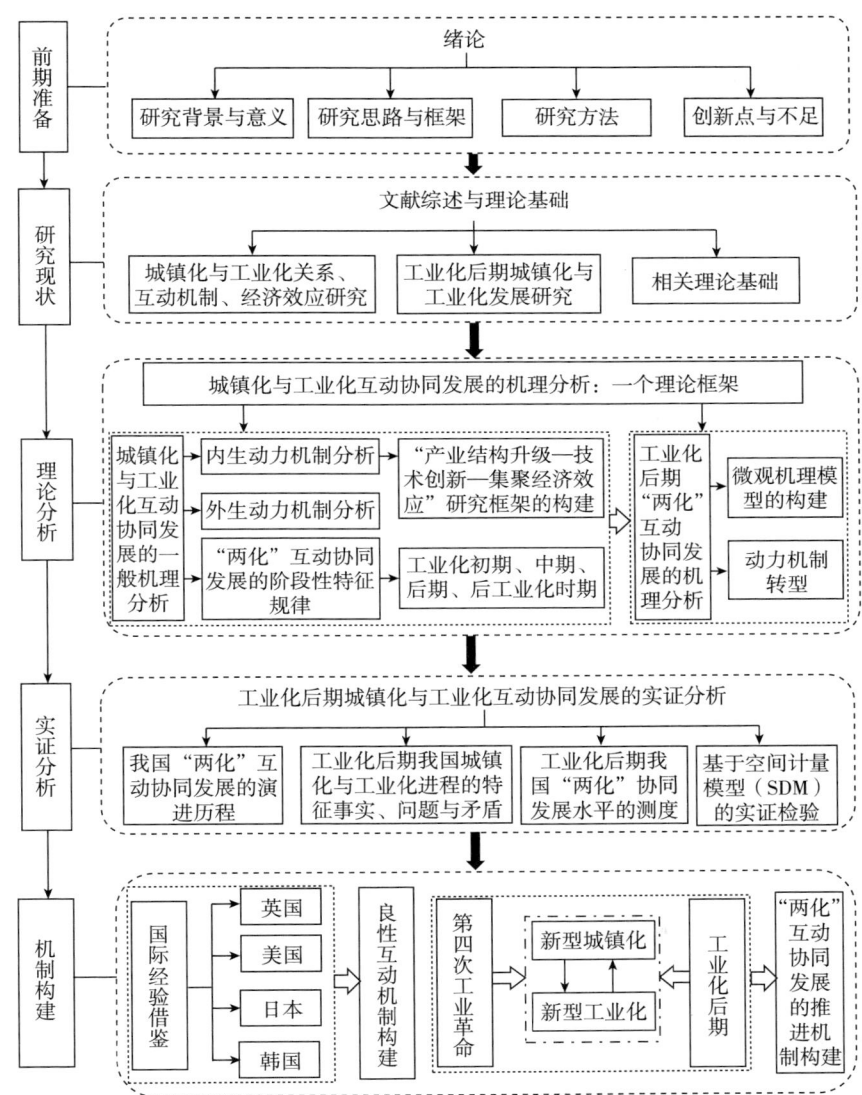

图1.2 研究框架及技术路线

新—产业结构升级—集聚经济效应"三维基本理论框架，依据城镇化与工业化发展的一般规律刻画不同工业化阶段（工业化初期、工业化中期、工业化后期以及后工业化时期）"两化"互动协同发展的特征规律。

第四章是我国工业化后期城镇化与工业化发展的特征事实及互动协同水平测度。首先回顾我国城镇化与工业化的发展历程，从改革开放前、改革开放后、21世纪以来及工业化后期三个阶段进行梳理，对工业化后期我国面临的经济环境、"两化"发展存在的矛盾与问题进行深入分析。本章最后从系统耦合的角度利用耦合协调度模型对我国275个地级以上城市的城镇化与工业化协同发展水平进行测度。

第五章是我国城镇化与工业化互动协同发展影响机制实证分析。前文分析表明城镇化与工业化的互动机制存在明显的空间关联性特征，本章引入空间分析方法，利用空间计量模型对城镇化与工业化的互动协同机制进行检验，对"两化"互动协同发展的影响因素进行进一步分析。主要内容包括空间计量模型的适用性分析及理论基础、计量模型的构建与检验以及经典面板计量模型与空间计量模型实证结论分析。

第六章是工业化后期城镇化与工业化高质量发展的国际经验借鉴及启示。梳理英国、美国、日本、韩国四个典型发达国家城镇化与工业化发展历程，总结发达国家工业化后期"两化"协同发展对我国的经验启示。在此基础上提出推进我国新型城镇化与新型工业化良性互动发展的主要推进机制与路径。

第七章是工业化后期我国城镇化高质量发展及深化新型工业化的推进机制。分析新产业革命对我国城镇化与工业化的影响机制，提出了新型城镇化与新型工业化推进机制构建的创新思路。

第八章是主要结论与研究展望。总结、概括本书研究所得的主要结论，并对今后进一步的研究方向进行梳理和展望。

三　研究方法

（一）历史与逻辑分析相统一

未来一段时期，推进城镇化高质量发展和实现工业化是我国经济社会发展的重要历史任务，要探索分析工业化后期我国城镇化与工业化互动协同发展的机制与路径，需要在城镇化与工业化不断发展、动态演进的过程中寻找规律。必须结合我国的具体国情，对我国城镇化与工业化发展历程进行全面、客观的分析，尤其是对"两化"互动协同机理、阶段性特征、发展水平、推进机制等基本规律的把握需要在历史发展过程中寻找逻辑依据，更需要遵循经济发展规律，结合国内国际经济发展环境变化，形成系统的思考和逻辑推理，进而得出全面可靠的结论。因此，本书采用历史分析和逻辑推理相结合的方法，以期更好地把握我国"两化"互动协同的历史演进规律及内在逻辑，能够在当前国际竞争格局巨变、第四次新产业革命加速推进、新一代信息技术对城镇化与工业化产生根本性影响、国内经济发展形势转变等复杂经济背景下，充分发挥"两化"互动协同发展的经济"双引擎"动力机制，深入推进我国新型工业化和新型城镇化发展进程，促进经济高质量发展。

（二）理论分析与实证分析相结合

本书将理论分析与实证检验相结合，城镇化与工业化的发展具有一般的规律性，且在不同的工业化阶段表现出的特征存在较大差异，而鉴于我国的特殊国情，工业化与城镇化的发展存在明显的阶段性特征。本书首先对城镇化与工业化互动协同发展的机理与路径进行梳理，其中包括内生动力机制与外生动力机制。实证层面，构建了耦合协调度模型定量测度出工业化后期我国275个地级以上城市地区城镇化与工业化互动协同发展水平，进而运用空间计量模型对城镇化与工业化互动协同发展的影响机制进行实证检验。在我国进入工业化后期阶段适逢第四次工业革命在全球范围内加速推进，在这样的特殊历史背景下我国的工业化与城镇化发展的动力机制也在发生转变，如何构建我国城镇化与工业化互动协同推进机制以加快实现我国工业化进程和促进我国城镇化高质量发展，这也是本书深化理论研究的重要内容。

（三）系统分析方法

城镇化与工业化的发展是一个涉及宏观、中观、微观各层次的系统性问题，因此应将其始终放在一个动态系统的环境中进行考察与研究。本书的分析涵盖了城镇化与工业化互动协同如何在宏观层面促进我国实现工业化进程、经济高质量发展和人们生活水平的提高；在中观层面上如何提升产业生产效率、优化区域经济结构和促进产业转型升级；在微观层面上如何实现要素的优化配置。同时，本书借鉴了复合系统耦合协调度的研究方法，以系统的视角分析并测度城镇化与工业化耦合协调发展水平。在研究方法方面，本书涉及多学科的交叉理论研究，综合运用了区域经济学、产业经济学、空间经济学等诸多学科的知识和相关理论，既有逻辑推演又有数理逻辑推演，在研究方法上也体现了复杂系统分析的特点和优势。

第四节　创新点与不足之处

一　可能的创新点

第一，借鉴城镇化与工业化最新理论成果，将工业化与城镇化的过程展开，并进行细化研究，从产业结构升级、技术创新、集聚经济效应三个层面构建了城镇化与工业化互动协同发展的理论分析框架。立足工业化后期这一特定经济发展阶段，探讨我国城镇化与工业化互动发展机制与路径，在研究内容上具有一定的创新性。进入工业化后期，我国城镇化与工业化发展环境、动力机制明显有别于其他阶段，也面临着全面实现工业化与推进城镇化高质量发展的重要历史任务，如何发挥新型城镇化与新型工业化的动力引擎作用是我国实现现代化的关键因素。与此同时，我国经济发展存在产能过剩、制造业空心化、过早去工业化等系列风险挑战，深化工业化与城镇化的发展将是化解长期经济风险的重要途径。工业化后期，恰逢以新一代信息技术加速创新应用为代表的第四次工业革命正加速推进，工业制造业智能化转型，城市智慧化发展，不断创造出新的消费空间，为我国深化工业化发展与城镇化创造了机遇。基于此，探索分析工业化后期我国城镇化与工业化互动协同发展的机制与推进路径，在研究内容方面具有一定的新意和现实针对性。

第二，在研究方法上的创新探索。城镇化与工业化是两个相互促进、互动协同的两个经济系统，涉及经济、社会、文化等多个方面。本书首先基于复杂系统理论，采用耦合协调度模型测度了我国275个地级以上城市工业化后期以来的"两化"互动协同发展水平。同时，城镇化与工业化的发展具有空间关联性特征，运用空间计量方法对

"两化"协同的机理及其影响因素进行实证分析,结论表明城镇化与工业化的耦合协同发展具有显著的空间溢出效应。将地理空间因素纳入实证分析框架,相对于传统计量方法是一个新的尝试和突破。

第三,考虑新产业革命的影响为我国城镇化与工业化深化研究提供了一个新的视角。本书在全面分析了我国工业化后期城镇化与工业化发展现状、问题以及新产业革命的影响机理后,分析了我国新型城镇化与工业化发展的动力机制,提出了新产业革命与工业化后期交汇背景下我国城镇化与工业化发展的主要推进机制与路径。新产业革命的影响范围广泛,在产业组织、生产生活方式、技术创新渗透等多个方面都会产生深刻变革。这对于我国城镇化与工业化的发展也会产生深远的影响,本书对此做了初步的创新探索。

二 研究不足之处

本书的研究主要存在以下不足之处。

第一,对城镇化与工业化互动协同发展的理论分析框架有待进一步细化完善。工业化后期是工业化进程的一个特定阶段,这一阶段"两化"协同发展具有特殊的技术经济特征,尤其是随着新一轮科技革命和产业革命加速推进,将对我国的新型城镇化与工业化发展产生深远的影响。本书虽然构建了理论分析框架,但对于不同工业化阶段的普适性较强,经实证检验也得到了一致的结论,如何区分工业化后期阶段与其他工业化阶段理论分析框架的特殊性是本书需要细化的一个方面。

第二,实证分析有待进一步深化。由于时间、精力及数据的可得性等方面的限制,本书采用了275个地级以上城市层面的数据作为试验样本进行计量分析,而对于我国的城镇化、工业化的发展县域及城镇的发展仍然是重心所在,因而县级及城镇数据或具有更强的代表性,这将是深化实证分析的一个方面。

第二章 文献综述及理论基础

本章旨在对城镇化与工业化发展研究中涉及的重要文献及相关理论进行梳理和归纳，为后文对城镇化与工业化互动协同发展理论机制分析及阶段性特征分析提供理论依据。其中，文献综述包括城镇化与工业化发展关系的研究、城镇化与工业化互动机制研究、工业化后期我国城镇化与工业化发展现状研究、我国"四化"协同发展及其经济效应研究等方面。理论基础包括二元经济结构理论、钱纳里和塞尔奎因的结构转型理论、分工理论、非均衡增长理论以及新经济地理学理论等。

第一节 文献综述

本节主要对城镇化与工业化互动协同发展研究的文献进行回顾、梳理，跟踪该领域的前沿研究进展，对已有的研究方法、成果的创新与不足进行总结，以期对城镇化与工业化的研究有一个系统、深入的理解和认识，从而为下文工业化后期我国新型城镇化与工业化互动协同发展机制的研究寻求创新空间和理论基础。

一 城镇化与工业化发展关系研究

尽管解释城镇化与工业化两者协调发展关系的理论范式已经确立，但不同学者对城镇化与工业化理论关系研究的视角与侧重点不同，所形成的结论也存在较大差异。因此，有必要对城镇化与工业化关系研究的文献进行梳理，为我国工业化后期新型城镇化与新型工业化互动发展的理论机制研究打下基础。工业化与城镇化的一般关系研究主要集中于以下三个方面：

第一，不同学科对城镇化与工业化关系的理论认知。经济学对于城镇化与工业化关系研究的理论范式主要集中于两条线索，即西方城市经济学方向和结构主义方向。西方城市经济学为城镇化与工业化的关系分析范式的建立奠定了坚实基础，重点关注工业化和城市要素集聚的关系，强调集聚经济的作用机理。古典城市理论和劳动分工学说强调劳动分工、专业化、交易成本对城镇化与工业化关系的影响；新城市经济学和新古典经济学则侧重于研究要素在城乡、产业之间的优化配置；随着新经济地理学和新兴古典经济学的发展，对使之成为城镇化与工业化的关系研究的主流范式，其中依然强调集聚经济是城镇化与工业化互动的核心问题，新兴古典经济学认为城市和工业内部分工深化形成了循环累积效应，从而促进工业化与城镇化互动协调发展。基于城市经济学相关理论，国内学者如景普秋等（2004）、刘秉镰等（2004）、罗文章（2005）等研究对城镇化与工业化的互动协同作用机理进行了阐释。结构主义对工业化和城镇化的关系研究，基准假设是城乡二元结构条件下，伴随着城市部门生产率的提升，农村劳动力向城市转移的过程，主要的理论模型包括 Lewis 两部门模型（1954）、Todaro 人口流动模型（1970）等对城镇化和工业化的发展及其理论阐释具有重要影响。

第二，城镇化与工业化的关系模式研究。以工业化进程为主线，研究认为不同工业化阶段城镇化与工业化进程中存在同步、超前与滞后的关系。Graves 和 Sexton（1979）、工业化与城市化协调发展研究课题组（2002）以及 Davis 和 Henderson（2003）等通过国际数据比较对两者的关系模式进行了实证分析，认为欧美等发达国家的城镇化与工业化进程基本属于同步模式，拉美地区等国家表现为城镇化畸形超前于工业化发展。究其原因，Fay 和 Opal（2000）、Hoselitz（1955）、Barrios（2006）等将不同地区城镇化超前的原因归结为农村贫困条件下的人口迁徙、工业制造业发展滞后、城市偏向的政策拉动、资源禀赋条件等。学术界多数学者则认为我国的城镇化长期滞后于工业化进程，影响因素包括户籍制度（Au and Henderson，2006；Hertel and Zhai，2006）、资本型投资倾向（沈可、章元，2013）、制度约束（路铭，2011）、所有制结构（刘瑞明、石磊，2015）等。

第三，城镇化与工业化是互为动力、互为因果、相互耦合、协调发展的动力机制关系。钱纳里等（1989）在《工业化与经济增长的比较研究》一书中基于发展的角度对城镇化与工业化的互动关系进行了理论和实证研究。新经济地理学及新古典经济学学者是这一观点的主要支持者，如 Lucas（1988）、Davis 和 Henderson（2003）认为，城镇化与工业化是互为因果的，在协同演进过程中是互为动力的关系。城镇化与工业化的良性互动表现为时间维度的同步演进、产业融合以及空间维度上的产城一体、区域布局上的功能分区，使城乡结构、产业结构和空间结构能够进行动态优化调整和有序升级（程湛恒、陈燕，2013）。洪名勇（2011）认为，理论层面城镇化与工业化相互依存、互相促进，工业化是城镇化的经济内容，城镇化是工业化的空间落实，通过城镇化水平与工业竞争力两者之间数据模拟结果也可以发现，在城镇化的快速发展过程中，工业竞争力与城镇化水平呈现正相关。此外，国内学者对工业化与城镇化的协调互动关系进行了实证研究，如杜传忠和刘英基（2013）运用格兰杰因果关系检验验证了城镇化率与工业化率的协整关系，表明工业化与城镇化在长期存在互动协调关系。邓玲和张鸥（2011）基于四川省的数据考察，运用动态 VAR 模型对城镇化与工业化的互动效应进行了检验。孙久文和彭薇（2009）通过国际数据比较发现，不同收入水平国家的城市化与工业化的相互影响存在较大差异，存在明显的阶段性特征，工业化与城镇化之间存在对数曲线非线性相关关系，即随着工业化的发展，对城镇化的作用逐渐减弱，到后工业化时期甚至为负。

二 城镇化与工业化的互动机制研究

工业化与城镇化协同发展的微观经济机理的认识是"两化"互动协同发展机制研究的基础，学者进行了大量的探讨。一般认为，城镇化与工业化过程中主要微观经济主体包括企业和城市，工业化的过程也即工业制造业企业分工细化、企业间协作日益密切，进而导致产业组织变革的过程，如制造业由原始的手工作坊不断向社会化大生产的工厂制转变，正在向平台经济新型产业组织转变（赵昌文，2019）。城镇化过程中的城市主体按照集聚特征可分为生产型和服务型城市两大功能特征，由于制造业生产的不可分性，为节约交易成本，制造业的自组织发展形成了空间集聚，因而产生了生产集聚经济，生产性城市逐步形成。工业化生产过程中产生了大量中间产品（服务）需求，分工进一步细化导致大量专业中间商的产生，这不仅提升了工业制造业的生产水平，也降低了交易费用。服务业具有明显的中心集聚的特征，服务性行业在城市集聚，服务交易的区域集聚是服务型城市发展的基础。从微观经济机理分析，工业化过程的专业化经济以及基于交易费用理论的集聚经济是城镇化和工业化互动协同发展的微观理论基础（刘秉镰、王家庭，2004）。景普秋和张复明（2004）通过生产要素流动、集聚效应和创新三者相互作用的"能量聚合体"模型，对工业化与城镇化的互动机制进行了微观解释。

城镇化与工业化互动机制研究方面。叶裕民、黄壬侠（2004）认为，工业化为城镇化提供经济支持，城镇化为工业化创造空间依托，产业结构的递次升级和企业的规模化、专业化发展是城镇化与工业化良性互动的关键因素。徐大伟等（2012）基于协同理论和机制设计理论，认为利益趋于一致是两个子系统协同发展的内在基础，信息充分和对称是"两化"同步有效实现的必要条件，同时"两化"良性互动需要进行有效的外界干预，即合理的机制设计。高志刚和华淑名（2015）指出，新型工业化为新型城镇化的发展提供了充分的产业支撑，新型城镇化通过集聚效应的发挥，为工业化发展提供了空间载体和人才、知识等关键生产要素，同时形成了巨大的消费需求。程湛恒和陈燕（2013）认为，工业化通过拉动就业、增加收入、改变土地利用形态等方式促进了城镇化进程，对应的城镇化对工业化的影响机制主要包括城镇化加速要素自由流动、促进产品流通、资源优化配置及信息的有效传播等途径促进了工业化的发展。宋加山（2016）等认为，新型城镇化与新型工业化互动发展存在明显的阶段性特征，产城融合有助于促进"两化"同步发展和消除高质量发展过程中的障碍。吴寿平（2017）认为，城镇化与工业化融合发展的内生动力机制包括生产要素集聚、产业规模、技术创新及企业组织结构变革，外生动力机制包括政府干预、制度变迁和外部环境变化。孙虎和乔标（2014）认为，当前新型工业化及城镇化互动机制及其效应的发挥存在要素约束（包括环境、能源、土地及水资源等）、工业企业效益下滑、城市病等问题和障碍。

三 工业化后期我国城镇化与工业化的转型研究

工业化后期阶段是我国新型工业化与新型城镇化纵深推进的关键时期，我国经历了快速城镇化和快速工业化的阶段，城镇化与工业化面临一系列亟待解决的问题，如城镇化过程中土地城镇化快于人口城镇化、城市病问题突出、资源环境约束等。同样，工业化也面临着结构矛盾、产能过剩、成本上升、资源消耗严重等问题。因而，在我国经济高质量发展的背景下，要发挥工业化和城镇化之间螺旋式上升互相促进的机制效应（任保平，2018），新型城镇化与新型工业化的发展面临着转型，学者对此进行了大量研究，以下分别从城镇化转型与工业化转型的角度进行总结。

（一）工业化后期的我国城镇化转型

第一，我国的城镇化空间载体需进一步转型。长期以来我国以建制镇为主的城镇化道路不能为新型工业化提供有效的空间依托（叶裕民，2004），大城市数量偏少、规模偏小、集聚效应不足，进而会影响劳动生产率的提高（路铭，2011；王小鲁，2010）。党的十九大以来，确立了"以城市群为主体构建大中小城市和小城镇协调发展"的城镇化空间转型发展的新格局，城市群将成为我国城镇化和工业化发展的主要载体形态。

第二，新型城镇化的目标转型。我国的城镇化发展过去很长一段时间都是以经济增长为单一目标导向，存在种种弊端，具体表现为城乡发展、要素结构、"四化"发展、空间分布等方面失衡问题（赵昌文，2013）。新型城镇化复杂系统中，核心是强调人的城镇化，更加注重经济、自然环境、社会等多点平衡的目标，要建立环境友好型、资源节约型包容型城市（冯奎，2013）。随着我国新型城镇化由数量型向质量型转变，城镇化的发展要以实现城市建设、基础设施、公共服务、人居环境、城市管理等方面的有机统一为目标（方创琳，2019）。

第三，城镇化面向绿色化转型。相对于传统高能耗、高排放、外延式城镇化模式，《国家新型城镇化规划（2014—2020）》提出了绿色城镇化的发展要求。绿色城镇化是以人的城镇化为出发点和落脚点，以生态环境承载力为约束前提，以产业和城镇融合发展为核心，利用科技创新提供城镇建设的信息化水平，实现人口增长、资源环境、经济社会协调发展的新型城镇化模式（张贡生，2018）。国外的绿色城镇化是以可持续发展为背景提出的（Gandy，2010），如英国的生态低碳绿色城市建设模式（Christine Haaland，2015）以及美国的生态可持续与城市土地利用的紧凑模式（Jiaying Teng, et al., 2016）等。我国提出绿色城镇化转型发展较晚。我国学者魏后凯和张燕（2011）提出了"资源节约、低碳排放、环境友好、经济高效"为内涵的绿色城镇化概念。田文富（2016）、孙久文和闫昊生（2015）提出，绿色城镇化的发展模式要以绿色产业化为基础、"产业—城镇—人"多维融合的发展模式。

第四，城镇化进程中的政府角色转型。我国城镇化的发展具有政府全面主导的特征，城镇化过程中无论是户籍制度、土地政策、行政区划政策、规划制度、投融资均受到政府的调控和干预。政府全面主导的政策会带来许多负面问题，如规划决策不科学、土地城镇化盲目扩张、粗放发展等问题。工业化后期的城镇化发展政府要从全面主导向有限主导转型，要以政府有限主导和市场调节双重力量共同驱动（茶洪旺，2013；张玉磊，2014）。

第五，工业化后期的城乡关系转型。新中国成立以来，我国的城乡关系由分割走向融合，对应地提出了从"城乡统筹"到"城乡一体化"再到"城乡融合"的发展战略。现阶段城镇化发展仍面临着城乡发展不均衡、城乡要素双向流动机制尚未建立、基础设施建设、公共服务存在短板等问题。进入工业化后期，我国也进入城镇化中后期[①]发展阶段，"加快形成工农互促、城乡互补、全面融合、共同繁荣的新型城乡关系"[②]、改变城市单方利益政策倾向、构建城乡融合发展体制机制是乡村振兴以及新型城镇化高质量发展的重要基础（陈钊、陆铭，2008；张海鹏，2019）。

（二）工业化后期的我国工业化转型

我国已进入工业化后期，但仍未完成从传统工业化向新型工业化发展的根本转变。从2002年"新型工业化道路"的提出到2015年《中国制造2025》规划中制造强国战略目标确立，针对我国工业化进程中存在的问题、转型升级面临的任务提出了新的要求。在"创新、协调、绿色、开放、共享"新发展理念的引领下，我国的工业化进程正不断转型向高质量发展（韩保江、杨丽，2019；任保平、张星星，2019；黄群慧，2017）。新型工业化正以创新化、生态化、信息化和智能化高度融合发展为转型方向。

第一，科技创新是高质量工业化发展的不竭动力。工业文明以来，三次工业革命所带动的技术进步为全球工业化的发展注入了强大动力，人类经历了机械大工业时代、电气自动化工业时代、信息化时代。目前，我国工业发展存在技术创新不足、产能过剩、产品附加值低等问题，工业化的进一步发展或转型升级更多地依靠创新驱动，要素需求由传统的劳动力、资本、土地等向知识要素驱动转变。依靠创新驱动的动力转换也符合产业升级的一般规律，即从劳动力密集型产业向资本密集型产业再到知识、技术密集型产业转变（苏杭等，2017）。杨东伟（2016）认为，创新化驱动的工业化进程不仅来自技术创新，还包含制度创新、商业创新等，提升企业全要素生产率，产出高质量、高附加值的产品和服务。

---

① 城镇化中后期是指城镇化率从50%到城镇化达到饱和临界值的阶段。饱和临界值一般大于70%，不同的国家饱和临界值存在差异，如有学者利用Logistic曲线进行研究表明，日本城镇化率的理论峰值应该为88.1%，但饱和临界值为76%，过了饱和临界值之后城镇化处于缓慢增长阶段。

② 参见《乡村振兴战略规划（2018—2022）》的表述。

第二，新型工业化向绿色生态化转型。以资源节约、环境友好、可持续发展为导向的新型工业化道路必然要践行生态化理念，强调人与自然和谐共生。中国工业经济研究所课题组（2011）将绿色转型的概念引入工业领域，并认为工业化的绿色转型是以资源节约利用和环境友好为导向、以绿色技术创新为核心，目标是获得经济和环境效益的双赢。王勇和刘厚莲（2015）指出，工业的绿色转型是促进能源集约利用，提高自然资产效率，减少污染排放和提高可持续发展能力的过程。目前我国的工业绿色化发展任务十分艰巨，工业能耗污染总量逼近上线，工业资源环境损耗占工业增加值的比重在10%以上，工业化能耗污染强度仍居于高位，与发达国家存在较大的差距，高能耗、高污染的低端技术装备仍占较大比例（付保宗，2016）。

第三，工业化后期工业化与信息化高度融合，并向智能化转型。信息化是加快实现工业化和实现现代化的必然路径，信息化与工业化之间存在相互促进、融合发展的互动机制。如王晓燕和李美洲（2009）以广东省为例，利用模型对信息化与工业化的互动机制进行了实证分析，指出信息化是我国工业化发展的重要动力，而工业化是我国信息化推进的基础条件和必要保证。张维（2012）提出了信息化与工业化之间存在互动机制：信息化对工业化的带动机制，工业化对信息化的促进机制，其中，前者具体指信息化促进传统工业结构升级，提高传统工业生产效率，推动传统工业管理创新，加快企业融入经济全球化进程；后者指工业化为信息化提供物质基础、产业依托和技术支撑。史炜等（2010）将信息化与工业化融合机制归纳为产业升级，集中体现在四个层次：技术融合、产品融合、业务融合和产业衍生。新一轮产业革命背景下，随着人工智能、物联网、大数据、云计算等新一代信息技术的发展，新型工业化逐步升级为"智能工业化"，在企业内部、智能产业、智能经济等多个维度均会体现智能工业化的新态势（韩江波，2017；贾根良，2016）。

四 城镇化与工业化协同发展及其经济效应研究

城镇化与工业化是经济发展的双动力，不仅在经济增长方面发挥着重要拉动作用，在缩小城乡收入差距、提高生产效率、区域创新、产业转型升级、生态环境经济效应等方面也具有积极的促进作用,学者围绕两者的经济效应展开了大量研究。

(1) 城镇化与工业化发展对经济增长方面的研究,王智勇(2013,2014)研究表明,城镇化与工业化对地区经济增长具有显著的促进作用,两者作用于经济增长的机制表现为多个方面,其中包括产业结构升级、劳动生产率的提升、区域创新等。齐红倩(2015)等运用时变参数向量自回归模型(TVP-VAR)分析认为,城镇化无论是短期还是中长期对经济增长率的影响具有正向冲击效应。汪川(2017)通过 OECD 国家数据和发展中国家数据对城镇化、工业化发展与经济增长的因果关系进行了识别,认为相对于发达国家,城镇化、工业化对经济增长的贡献在发展中国家更为显著。长期来看,城镇化对经济增长的拉动效应相对于工业化更为显著(熊曦,2016),也有学者认为,城镇化只是城市发展的一个过渡阶段,城镇化并不导致经济增长(Henderson,2003)。赵永平和徐盈之(2014)实证研究了新型城镇化对经济增长的时间和空间效应,城镇化和工业化是典型的消费、投资双源性内需拉动,集聚效应提高生产效率,从而促进技术进步推动产业结构升级。

(2) 对城乡居民收入效应的影响。此类研究的文献较多,但尚未形成一致的结论,如 Robinson(1976)、陈宗胜(1994)、周云波(2009)认为,城镇化对城乡收入差距呈倒 U 形关系。林毅夫和刘明兴(2003)认为,由于政策干预、资源配置偏向、获取信息渠道差异等原因,城镇化会进一步扩大城乡收入差距,但陈秧分和何琼峰(2016)研究认为,城镇化和工业化并未必然加速扩大城乡收入差距。董春和张红历(2018)发现城镇化与工业化对城乡收入差距影响显著,但影响方向、强度和作用路径存在明显的时空差异。路铭和陈钊(2004),孙永强(2012)则认为,城镇化有利于缩小城乡居民收入差距。

(3) 城镇化与工业化对生产率的影响研究方面,郭颖等(2019)基于养殖业投入产出数据和 Tobit 模型对城镇化、工业化对农业生产效率的影响进行了研究,解释了城镇化与工业化发展对现代农业生产效率的作用机理。高文静(2017)讨论了工业化、城镇化对工业碳生产率的非线性门槛效应，认同不同水平的工业化和城镇化发展对工业碳生产率的影响存在较大差异。尹朝静（2019）认为，城镇化与工业化对农业全要素生产率具有正向影响，但存在空间非均衡性。

（4）对区域创新的影响。胡振亚和汪荣（2012）探讨了工业化、城镇化与科技创新之间的协同关系及影响机制，运用9个城市的数据测度了不同地区三者之间的协同效度。付琦等（2018）引入空间因素，基于空间溢出效应视角考察了城镇化、工业化对区域创新能力的影响，认为城镇化、工业化是推动区域创新发展的源泉。

（5）对产业结构升级方面，由于工业化本身就是产业结构升级的过程，现有文献多侧重于城镇化对产业结构升级的影响研究，黄晓军（2008）研究发现，城镇化对产业结构研究具有积极的响应机制，城镇化对产业结构高级化的促进作用日益明显。陈丹妮（2017）从经济发展、要素供给、消费投资需求、技术创新和对外开放五个方面总结了城镇化对产业结构升级的五条路径，并结合我国不同类型的城市产业升级的机理进行了检验。李春生（2018）从微观、中观和宏观三个层面检验了城镇化对产业结构升级的作用机制及路径，并用VAR模型实证分析了城镇化对产业结构升级的动态关系。城镇化和工业化进程既推动了产业的分工和重组，也通过调整产业结构、发展新兴产业和现代服务业促进了产业结构的升级（Michael et al.，2012；张占斌，2013）。

（6）对环境经济效应的研究。在"五化"协同的背景下，突出强调绿色生态化的作用，城镇化与工业化进程中的环境经济效应受到学者的关注。杜雯翠等（2014）研究认为，在我国工业化不同阶段，城镇化与工业化发展面临的环境问题有所差异，以工业化为主的发展阶段主要是大气污染，而以城镇化为主的发展阶段主要是水体污染。刘满凤和谢晗进（2017）检验了经济集聚与污染集聚的环境库兹涅茨曲线，认为城镇化与工业化互动协同促进经济发展的同时释放着正负外部性效应，污染集聚是负的外部性的集中体现，经济环境集聚对工业化和城镇化具有双门槛效应。谢晗进（2019）利用系统动力学模型和基于SLXM的空间计量模型实证检验了我国城镇化与工业化的协调效应，结论认为，"两化"协调有助于污染集聚的治理，同时"两化"耦合协调的空间溢出效应对污染集聚的治理具有正向作用。

五 总结性评述

我国整体上已进入工业化后期阶段，城镇化进程也将进入中后期发展阶段，对于城镇化与工业化互动协同发展的研究已十分普遍，本书通过对城镇化与工业化发展关系研究、城镇化与工业互动机理研究、工业化后期我国城镇化与工业化的转型研究、城镇化与工业化互动协同发展及其经济效应研究等方面进行了文献梳理，对相关的理论和实证研究结论进行了系统回顾。已有研究对本书的研究提供了坚实的理论基础，也为进一步深入研究提供了新的思路和方向。通过文献研究发现，已有研究仍存在以下不足。

（1）对城镇化与工业化互动协同发展机制缺乏较为系统的理论和实证分析。理论层面，已有研究对城镇化与工业化互动协同发展的研究主要从城市经济学集聚经济理论以及结构主义要素流动的理论视角出发。进入工业化后期，新型城镇化与新型工业化发展面临的经济社会环境发生了巨大变化，如工业化的创新功能成为新型工业化发展的重要内容；空间因素是影响"两化"互动协同发展的重要变量，城镇化与工业化的空间溢出效应尚未纳入传统的理论分析框架当中。工业化后期对于城镇化与工业化协同发展的理论机制缺乏系统和全面的阐释，相应的实证研究方法需要一定的创新和改进。基于此，本书在充分把握新型工业化与新型城镇化技术经济特征的基础上，将传统经济理论与新经济地理学理论、空间经济学理论有机结合起来，从理论模型和实证方法进行创新，探索分析工业化后期城镇化与工业化互动发展的理论机制。

（2）城镇化与工业化协同发展的阶段性特征及规律研究不足。城镇化与工业化的发展具有阶段性特征，既可以按照工业化进程的思路进行划分，也可以按照"两化"互动发展水平来划分。对不同历史阶段城镇化与工业化互动演进规律的认识和总结是把握客观经济规律的基础，具有重要的理论和现实意义。从已有研究来看，未见专门文献对城镇化与工业化协同发展的阶段性特征及互动机制结合起来进行分析。我国整体上进入工业化后期以来，面临着全面实现工业化和推进城镇化高质量发展的双重历史任务，如何发挥城镇化与工业化对经济发展的"双引擎"作用，对特定历史阶段的城镇化与工业化互动协同机制与路径需有深入的认识，这也是本书研究的重点内容。

（3）工业化后期与正在加速推进的新一轮产业革命形成历史性交汇，目前关于新产业革命对我国城镇化与工业化互动协同发展机制及推进路径研究不足。新的经济背景下，产业结构不断优化升级，工业制造业服务化转型，新一代信息技术的扩散作用等经济条件发生新的变化，这些将促使我国新型城镇化与工业化的发展发生深刻变革。工业化后期特定历史条件下城镇化对工业化还将发挥着怎样的作用，两者的协同发展的动力机制及路径如何？新产业革命背景下，人工智能、物联网、大数据、云计算等新一代信息技术对我国城镇化和工业化发展将发挥怎样的促进作用？已有研究尚未对此类问题展开深入研究，有待进一步探索分析。

第二节　理论基础

经济问题的研究离不开基础理论的支撑，随着工业化和城镇化问题研究的深入，相关理论也得到普遍应用和拓展应用。本书重点讨论的工业化与城镇化互动协同机制的研究主要遵循二元经济结构理论、"钱—塞"结构转型理论、分工理论、非均衡增长理论以及新经济地理学理论等研究成果。这些理论不仅为工业化与城镇化协同发展研究提供了经济学解释和研究基础，也为本书的研究思路提供了参考。

一　二元经济结构理论

二元经济结构理论是由美国经济学家刘易斯（A. Lewis，1954）提出的，比较完整和系统地阐述了城镇化与工业化的内在机制。该理论认为发展中国家普遍存在传统农业部门和非农业部门（现代部门）二元经济结构，其中非农业部门主要指工业部门，两部门的就业结构和生产结构一致，经济发展的重心是由传统的农业部门向现代工业部门转变的结构性转型。农业部门的剩余劳动力无限供给,劳动力不断向生产性较高的现代工业部门转移;随着现代部门尤其是工业发展到成熟阶段,所需的劳动力小于农业部门转移劳动力供给,即出现"刘易斯拐点"。拉尼斯(1961)改进并发展了刘易斯二元结构模型,形成了后来的"刘易斯—拉尼斯—费景汉"模型,模型假设与刘易斯模型基本相同,但对农业部门的假设认为农业部门不仅为工业部门提供剩余劳动力,而且还要为工业部门所增加的劳动力提供粮食来源,若无农业的技术进步和投资,则农业就会发展停滞,二元经济结构理论模型开始重视农业生产率的提高和农业技术进步的作用。拓展的理论模型认为,二元经济结构的转换影响因素取决于三个变量:人口增长率、农业技术进步以及工业部门的资本增长率。美国经济学家乔根森(Jogenson,1967)基于新古典主义框架建立了二元经济结构理论,与刘易斯模型不同的是,乔根森模型提出了正边际生产力的假定,认为劳动的边际生产率大于零,不存在边际生产率等于零的农业剩余劳动力。在《剩余农业劳动与二元经济发展》著作中强调,农业剩余是农业产出增长超过人口增长的结果,而农业剩余是工业部门发展的前提条件,消费结构的变化是促使农业剩余劳动力向现代工业部门转移的根本原因。随着二元经济结构理论发展,不断体现了经济结构转变的动态思想。对于城乡剩余劳动力转移和就业的二元结构模型还有托达罗(1970)模型,创造性地提出了预期收入理论,将普遍存在的失业现象纳入劳动力转移就业的分析框架中,认为城市就业存在失业的风险,城乡收入差距是农业剩余人口转移的根本原因,由于城市集聚经济发展、产业发展吸纳就业能力等原因,人们认为城乡之间的预期收入存在差距。这一理论分析对我国工业化后期的城镇化与工业化发展依然具有现实意义。

二 钱纳里和塞尔奎因的结构变革理论

钱纳里和塞尔奎因(1975)在《发展的型式(1950—1970)》一书中通过对100多个国家长期经济发展的数据研究和计量模型的回归分析,提出了工业化与城镇化的发展模型,总结出了"标准产业结构",即任何一个经济体向高一阶段的跃进都是通过产业结构转换来推动的，从不发达经济到实现工业化整个过程分为三个时期六个阶段，初级产业时期分为传统经济阶段和工业化初期阶段，中期产业时期分为工业化中期阶段和工业化后期阶段，后期产业时期分为后工业化社会和现代化社会阶段。传统经济发展阶段产业结构主要以农业为主，没有或者极少有现代工业，生产力水平低下。工业化初期阶段产业以劳动密集型为主，产业结构由以农业为主逐步转向以工业为主，生产力水平大幅度提高。工业化中期阶段，以制造业为代表的工业不断由轻工业向重工业转变，非农就业占主导地位，服务业开始发展，即形成重工业发展阶段。工业化后期阶段，第三产业成为经济增长的主导力量，现代服务业迅速发展，金融、电信、中介咨询、物流信息等生产性服务业的发展为工业化的推进创造了良好的条件。后工业化阶段，技术密集型产业的快速发展是这一时期的主要特征，工业内部由资本密集型向技术密集型产业转变，高档耐用品的消费需求不断增加。进入现代化阶段，市场需求呈现出多元化、个性化特征，知识密集型产业占主导地位，并逐步从服务业中分离出来。

"钱—塞"发展模型将工业化与城镇化直接联系起来，两者具有高度的正相关性。在这一分析框架里，工业化与城镇化几乎是同义语，工业化是城镇化的经济内涵，城镇化是工业化的空间表现形式，城镇化也是工业化的结果。因为城市经济是以工业为主，凡是大工业都集中在城市地带。"标准增长模型"中工业化率与城镇化率的对应关系如表 2.1 所示。

表 2.1　钱—塞"标准增长模型"的城镇化与工业化对应关系

人均 GNP （1964 年美元）	<100	100	200	300	400	500	800	1000	>1000
人均 GDP 推算[①] （2010 年美元）	<787	787	1574	2360	3147	3934	6294	7868	>7868
城镇化率（%）	12.8	22	36.2	43.9	49.0	52.7	60.1	63.4	65.8

① 参照郭克莎（2000）及张辉（2019）的做法，2010 年与 1964 年的美元转换因子为 7.868。

续表

人均 GNP（1964 年美元）	<100	100	200	300	400	500	800	1000	>1000
工业化率（%）	12.5	14.9	21.5	25.1	27.6	29.4	33.1	34.7	37.9
工业就业比重（%）	7.8	9.1	16.4	20.6	23.5	25.8	30.3	32.5	36.8

资料来源：参见霍利斯·钱纳里等《发展的型式 1950—1970》，李新华等译，经济科学出版社 1988 年版，第 32 页。

该模型认为，初期的城镇化是由工业化推动的，当城镇化率和工业化率超过 13% 左右后，城镇化开始加速并明显超过工业化；到工业化后期，工业化对城镇化的贡献逐渐减弱。钱—塞标准发展模型对工业化与城镇化的演进发展规律具有普遍的解释意义，上述规律在世界各发展中国家和地区较为普遍，但这一结论与我国城镇化与工业化的实际发展情况存在较大差别，长期以来我国城镇化滞后于工业化，区域经济发展的阶段性表现形式应该不尽相同，当然这是由我国的特殊国情决定的。

三 分工理论

分工理论有很多，如以亚当·斯密"分工是经济增长的源泉"的经典论断，以李嘉图为代表的古典国际分工理论。现代国际分工理论如波特的钻石理论、杨小凯的内生比较优势理论等。对于城镇化与工业化的互动发展的理论基础，本书主要从城乡分工理论及产业分工理论进行梳理。

（一）城乡分工理论

城镇化与工业化的过程，实质上源自劳动分工的扩展和空间集聚的经济性。马克思、恩格斯从生产力发展和社会分工的角度阐释了城乡关系的演变规律，并指出"某一民族内部的分工，首先引起工商业劳动和农业劳动的分离，从而引起城乡的分离和城乡利益的对立"。马克思对城乡分工和城乡分离的解释包括两个层次：一是物质生产的分离，技术的进步导致了农业剩余劳动力产生，手工业生产从传统农业中分离出来，农业剩余产品和手工业品的交换促进了古代城市的出现、商业活动的发展并在城市聚集；二是精神生产的分工，主要表现为社会政治结构的建立，城市功能得到进一步拓展，包含政治、经济、文化等多个方面。随着交易效率的提高，工业生产内部出现更为细化的分工，工业品生产与农产品生产之间的分离，随着工业品制造者与农民之间的产品频繁交换促进了城乡市场的出现（Yang and Rice，1994）。工业革命后，机器大工业代替了手工工厂，以机械化、自动化为代表的生产方式使城乡之间的分工进一步深化，生产要素、市场需求在城市集聚，进而形成了城乡之间的"中心—边缘"关系，这一劳动分工深化演进规律解释了城乡二元结构关系形成机理。20世纪90年代，随着新经济地理学研究的发展，保罗·克鲁格曼及藤田昌久（Masahisa Fujita）、雅克—弗兰西斯·梯斯（Jacques-francois Thisse）等将劳动分工进行模型化，主要体现了工业生产中规模报酬递增和城市发展中集聚经济效应，以及交通运输成本，这些因素决定城市经济的空间结构。

（二）产业分工理论

产业分工及其发展是专业化程度提升和社会进步的重要标志，也是工业化和城镇化发展的必然结果，产业分工的不断细化、融合化推动了产业结构的转型升级。斯密在提出分工与经济增长的命题时仅局限于企业层面的讨论，随着经济的发展，现代分工理论突破了企业内和企业间的古典分工模式，城市间以企业为主的竞争模式转变为以企业所在的产业链为主的竞争模型。产业分工主要指产业层面的分工，表现为产业间分工、产业内分工、产业链分工，三种分工模式都强调产业在空间上的分异，其中产业链分工是按照产业链的不同环节、工序、模块进行的分工，强调功能的专业化，弱化产业边界的区分，空间特征表现为价值链的不同环节、工序、模块在空间上分离（魏后凯，2007）。现代产业空间分工理论是在生产要素的收益递增及垄断竞争假设下，强调产业集群和规模经济对区位的影响，并提出竞争优势成为产业空间分工的主导机制。从克鲁格曼的新贸易理论、波特的竞争优势理论、产业集群理论等现代分工理论来看，区位理论和比较优势理论构成了产业空间分工的理论内核，对古典及新古典分工理论进行拓展和补充。朱英明（2007）针对长三角城市群的研究表明，城市间以产业链为纽带串联形成的城际产业链，重塑了城市群的分工协作关系，将不同城市联结成具有密切经济联系的一体化区域的关键。刘友金（2009）根据城市群各城市规模、功能、地位的差序化结构，考虑产业链的各增值环节对要素条件的偏好，构建了城市群内部城市间的产业链分工体系，在此基础上形成整体区域的竞争优势。

四 非均衡发展理论

非均衡理论是相对瓦尔拉斯均衡的一种动态均衡理念，是研究区域经济差异的重要方法论。我国著名经济学家厉以宁20世纪90年代在《非均衡的中国经济》中提出了区域经济发展的非均衡思想，即市场的非均衡和制度创新的非均衡。非均衡理论是城镇化与工业化互动协同发展研究的重要理论范式，主要有增长极理论（佩鲁，1955）、缪尔达尔（Myrdal，1957）的循环累积因果循环理论、赫希曼的非均衡增长理论。增长极理论认为经济发展是非均衡的，存在起到支配和推动作用的区域和部门（增长极），"增长极"的产生会形成经济集聚效应，城镇化趋势由此产生。缪尔达尔认为地理空间上存在发达区域和欠发达区域的二元空间结构，区域之间循环累积过程所形成的差距，不会通过区域的相互作用实现均衡。由于生产要素的异质性，结果会导致以工业为主导的繁荣区域与以农业为主导的欠发达区域形成主次关系。依据这一理论，区域间的要素流动和区域贸易强化了区域之间的差距，优势集聚区域增加了人们对未来经济发展向好的逾期，进一步增加投资，因而累积效应促进了本地区的繁荣；对应的滞后区域会进一步衰退。赫希曼非均衡增长理论认为，经济发展是一条"不均衡的链条"，从主导部门传递到其他部门。该理论主张集中有限的资源重点扶持具有较强产业关联度的产业部门，通过这些部门的发展带动其他部门的产业发展。

非均衡发展理论认为，地区之间的均衡是相对的、暂时的和有条件的，而不平衡是客观的、绝对的。该理论在我国城镇化、工业化以及经济发展过程中有着广泛的应用，如改革开放初期邓小平提出的"让一部分人先富起来，让一部分地区先发展起来，最终带动共同富裕"，这一政策理念就是非均衡发展到均衡发展的具体实践。国内对非均衡理论的研究代表有张培刚为应对中部崛起战略提出的"中心开花论";随着城镇化的发展以及都市圈经济的辐射带动效应,厉以宁提出了中心辐射战略;魏后凯基于适度倾斜与协调发展相结合的"网络开发理论";陈龙江和邓启明(2006)研究了我国农村工业化的制度非均衡与政府角色的关系,从制度经济学的角度讨论我国农村工业化的非均衡性以及制度供给与矫正策略;冷智花(2016)提出了我国城镇化从失衡到均衡的发展路径;杨玉珍(2012)结合欠发达地区的发展战略,讨论我国包容性增长与欠发达地区非均衡突破的实践路径。

五 新经济地理学理论

新经济地理学主要研究不完全竞争条件下边际报酬递增规律如何作用于产业演化的空间集聚,将空间因素纳入一般均衡分析框架,继承了城市经济理论、新贸易理论、结构主义发展经济学等理论的重要成果,能够对区域经济增长、空间集聚和分散机制进行有效解释。该理论的代表性成果是核心—边缘模型(CP 模型),理论假设包括两个地区、两个部门(工业化和农业)、两类劳动力、消费者需求多样化等,至少有一种生产要素在区域间流动,保证经济活动的空间集聚才能够实现。随着研究的深入,基于 CP 模型不断得到拓展和创新,衍生出的系列模型纷纷建立,代表性的有 Martin 和 Rogers(1995)建立的资源资本模型(FC 模型)、Krugman 和 Venables(1995)及 Fujita 等(1999)建立的核心—边缘垂直联系模型(CPVL 模型)、Ottaviano(2002)等建立的资源企业家模型(FE 模型)、Baldwin(1999)构建的资本创造模型(CC 模型)等。Krugman(1995)认为,空间集聚是规模经济形成的基础,正的外部性所形成的溢出效应促进关联产业和企业趋于集中布局,这是地区专业化和城市的形成并不断扩大的重要动力因素。经济活动的空间布局受到经济系统中内生和外生力量共同影响,内生力量主要包括吸引和排斥经济活动的集聚力和排斥力,本地市场效应、价格指数效应、市场竞争效应是形成这两种力量的主要作用机制(孙久文、原倩,2015)。

随着新经济地理学的发展,空间经济分析成为主流经济学研究的一个新领域。藤田昌久（Fujita，2006）基于新经济地理学理论来解释连续空间假设条件下城市空间演化问题，拓展了区域和城市经济学的研究，并认为基于空间经济分析的许多经济学概念需要重新界定。Kebebe（2015）认为，新经济地理学在国际贸易与城市发展、要素流动、区域创新等领域有着重要的解释能力，为研究对象的区位问题提供了新的视角和工具。我国学者对新经济地理学的研究主要集中在产业集聚的空间分布、集聚的成因、集聚效应等方面展开（陈建军、黄洁，2008）。通过分析发现，新经济地理学在城市与区域经济发展、产业集群、技术创新、城镇化等众多研究领域都有广泛的应用，为本书研究城镇化与工业化的互动协同机制提供了理论依据。

第三章 城镇化与工业化互动协同发展的机理分析

城镇化与工业化是复杂的动态结构系统，两者之间相互促进的关系已成为学术理论界的共识，但要刻画不同工业化时期城镇化与工业化之间的关系及形态特征，需要对城镇化与工业化相关概念的内涵与外延、相互影响的机理与路径等内容进行清晰的梳理和界定。本章旨在分析城镇化与工业化互动协同的影响机理，并构建起"技术创新—产业结构升级—集聚经济效应"的研究框架以解释城镇化与工业化的内生动力机制，进一步分析"两化"互动协同发展的外生动力机制及阶段性特征。并通过构建数理模型对工业化后期的"两化"协同发展进行理论阐释，分析工业化后期影响"两化"发展的动力机制转型特征。

第一节 城镇化与工业化互动协同发展的一般机理分析

城镇化与工业化是经济现代化的必经历史阶段，"两化"互动协同的发展过程有着必然性和必要性。从世界各国经济发展的历程来看，其必然性和必要性是经济规律的客观反映，无论是工业化进程的有序推进，还是城镇化持续健康发展，都需要在两者的互动协同中得以实现。一方面，城镇化与工业化之间存在内在的联系，两者在发展过程当中必然发生互动。在经济发展的过程中，工业化和城镇化可以看成是两个相对独立的过程，但这两个过程交织在一起，相互影响。事实表明，工业化是一个国家和地区实现现代化的必经之路，发展经济学家钱纳里和塞尔奎因（1989）通过对100多个国家的经济发展数据比较发现，工业化水平越高的国家，城镇化水平也就越高，并且总结出不同收入水平下对应的产业结构和城镇化率，这表明工业化与城镇化之间确实存在相互关联的规律。实质上，工业化的过程不仅是资源配置的主要领域由农业向工业转变，从而导致产业结构升级，促进了城镇化的发展，而且新型工业化的创新功能逐渐成为工业化过程的核心，不断强化城镇化集聚功能的发挥。从城镇化方面来看，生产要素在城镇集聚和优化配置过程，加上城镇化消费需求的扩大和城镇功能的完善，也为工业化的深化提供了条件，两者的互动协同具有一定的必然性。

另一方面，从必要性来看，只有工业化和城镇化良性互动，才能创造出持续的经济增长动能。良性互动是工业化与城镇化持续健康发展的前提条件，长期以来，我国城镇化发展滞后于工业化，从而导致区域发展不平衡、工业化发展受到制约、工业化质量和效益不高等问题饱受诟病。改革开放前，经济停滞不前的一个重要原因就是重工业优先发展战略下城镇化水平严重低下。世界发达国家的历史和新兴经济体的实践表明，工业化与城镇化协调发展才能为经济发展创造更大的推动力量，否则会造成经济社会的障碍。如英国、美国、德国、日本等国家工业化与城镇化的发展几乎是同步进行的，这种较好的互动协同发展进一步促进了经济结构的优化和经济的持续增长。而20世纪40年代后的拉美国家由于过度的城镇化，也被称为"无工业化的城镇化"，造成了巨大的负面影响，产生了贫民窟大量涌现、交通拥挤、资源紧缺、犯罪率高等"城市病"和社会问题，这为世界其他国家研究"中等收入陷阱"和工业化与城镇化协同发展问题提供了长期的反面教训。反过来讲，这是工业化与城镇化割裂的结果，过度城镇化的同时工业化发展不充分，导致城市不能创造足够的就业机会，才有了"拉美陷阱"的出现。由此可见，城镇化与工业化良性互动的必要性可见一斑。

本节旨在对城镇化与工业化的内在机制、外生动力机制以及"两化"互动发展的阶段性特征进行分析，为后文进一步深入研究工业化后期我国"两化"互动协同发展机制提供理论支撑。

一 城镇化与工业化互动协同的内生动力机制

依据前文的定义,本书将城镇化与工业化的发展定义为互动协同的耦合关系,两者之间的关系表现为工业化带动城镇化的发展,城镇化通过城镇功能的发挥推动工业化的进程。那两者之间的内在机制构成及其运行机理是什么,耦合机制形成的主要影响因素有哪些?本书试图构建"技术创新—产业结构升级—集聚经济效应"的分析框架,用以分析三者的相互作用过程中实现了城镇化与工业化的互动协同发展。接下来分为两个部分来阐述这一机制的作用:(1)分析技术创新、产业结构升级、集聚经济效应三者之间的相互关系,解构理论框架对城镇化和工业化的作用机理;(2)进一步分析城镇化与工业化互动协同的影响机制。

(一)基于"技术创新—产业结构升级—集聚经济效应"的理论分析框架构建

纵观产业革命和工业化的发展历程,技术创新是贯穿工业化始终的一条主线,工业化首先表现为技术进步和社会生产力的变革,然后表现为经济结构的变化,最后才是社会、思想和文化的变革。世界范围内的工业化是由工业革命驱动的,而工业革命产生的根本原因是技术进步。第一次工业革命是18世纪以蒸汽机的发明和应用推广为标志的,从而机器大工业代替了手工劳动,蒸汽动力的技术创新推动了社会生产力的飞跃,发达资本主义国家开启了近代工业化进程。19世纪末至20世纪初期,以电力技术的发明和应用为代表的第二次工业革命使机械工业的发展加快过渡到电气化时代。第三次工业革命是20世纪40年代以原子能、电子计算机、空间技术和生物工程的发明和应用为主要标志,随着信息技术的发展,工业全面进入自动化、信息化时代,形成了现代大工业体系。当前,以人工智能、大数据、机器人和物联网技术等新一代信息技术为代表的第四次工业革命正在加速推进,智能技术在一定程度上代替脑力和体力劳动,工业向智能化方向转变。

技术创新的概念要比技术进步范围窄,更侧重于微观主体的创新行为，技术创新是技术进步的手段和根源。对于一个国家和地区的工业化发展，技术创新发挥着不可替代的作用。第一，技术创新是产业结构升级的重要动力，产业结构的高度化过程也加速了生产要素的流动和转移。要素的流动表现为两方面，产业部门之间的转移和空间上的转移，产业间的转移体现为要素向生产率高的部门转移，也是产业结构升级的过程，即产业结构高度化和产业数量比例关系的变化。第二，产业结构升级强化了要素流动，形成了集聚经济效应。要素在空间上的分布是非均衡的，基于集聚经济效应反过来也会进一步吸引要素的流动。要素集聚的空间载体就是城镇。随着产业的发展和城镇自身功能的不断完善，吸引和容纳要素支撑能力不断增强，城市集聚经济效应得到显现，城市产业结构升级和要素集聚两者的外在表现就是城镇化的过程。图 3.1 反映了工业化与城镇化的互动协同机制，技术创新、产业结构升级、集聚经济效应相互关联，实现了工业化与城镇化有机联动系统的运转。

（二）工业化促进城镇化发展的影响机制分析

工业化促进城镇化发展主要是从产业结构升级和城镇化的创新功能两条路径展开的，影响机制与作用机制如图 3.1 所示。

1. 工业化促进产业结构升级带动城镇化发展

产业结构是指国民经济产业部门之间以及各个产业部门内部各生产要素构成比例关系，是对产业构成、发展水平、产品结构以及产业技术经济特征等状况的描述。本书所指的产业结构升级既指产业从低附加值到高附加值、量变到质变的过程，也指区域经济重心由第一产业向第二产业，进而向第三产业转变的过程。依据前文对工业化内涵的阐述，产业结构升级是工业化的主要表现形式和重要内容。工业化初期，随着技术进步的加速，农业劳动生产率不断得到提升，出现大量剩余劳动力，而工业生产规模的不断扩大，生产逐步集中，从而导致了劳动力的空间转移和集中。工业化不断发展直到中后期乃至完成工业化，城镇的集聚经济和规模经济效应逐步显现，适应了工业化的发展需求，产业结构升级不断深入，农村人口不断向城镇集聚，直接加快了城镇化的发展。

第三章 城镇化与工业化互动协同发展的机理分析

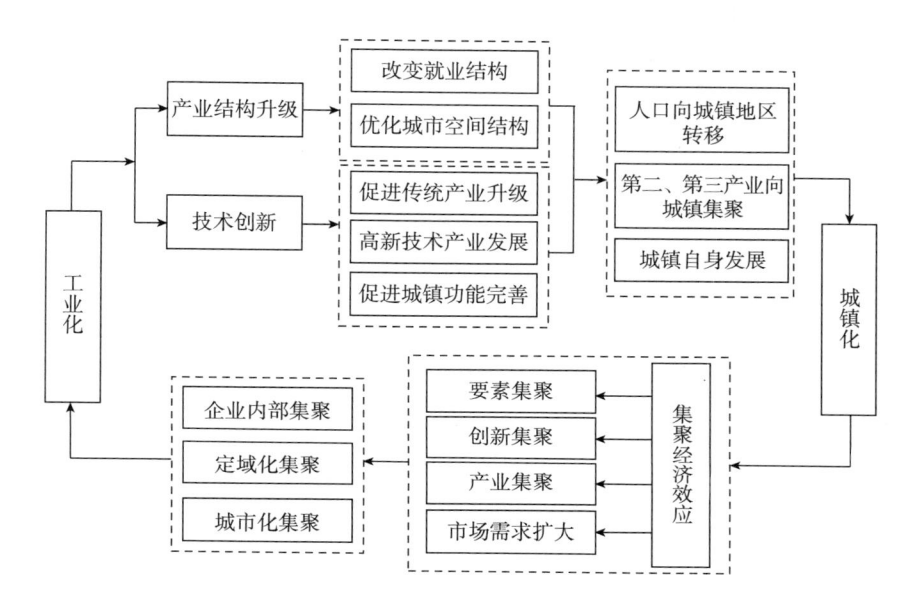

图 3.1　城镇化与工业化互动协同机制

资料来源：笔者绘制。

工业化带动产业结构升级主要通过就业结构转变、优化城市空间结构促进城镇化的发展。城镇化是第二、第三产业形成集聚和发展以及伴随而产生消费区域的形成过程。新的产品需求产生以及由于工业和农业劳动生产率进一步提高，有更多的劳动力转移到第三产业就业，城市对劳动力的吸纳能力逐步增强，城镇化进入一个快速发展的新阶段。城镇化发展初期，城乡分割的二元经济结构明显，随着城市规模的扩大和产业结构的空间转移，郊区赋予了新的城市功能，如新城区、开发区、物流集散中心等，城市外围区域起到了承接产业转移的作用。产业结构优化升级必然是城镇化走向集约发展，产业集群发展和新的产业链形成带动郊区、乡村融入城市发展，城市内部空间结构得到优化。

2. 工业的技术创新功能加速城镇化发展

从创新活动来看，工业尤其是制造业历来是技术创新最集中、最活跃的领域，从三次产业的研发投入统计数据来看，2010—2018 年，我国第二产业的研发投入平均占比达到90%以上，这也是由企业的微观基础决定的。企业是技术创新的主体，我国工业企业涉及面广、种类较多，在融入全球价值链过程中，要获得超额利润，必须进行技术创新获取竞争优势。技术创新意味着劳动生产率的提高，工业化过程中的技术创新使新型城镇化过程中的城镇不断汇集新的经济增长点和支柱产业，技术、知识、人才等高端创新要素使城镇经济的发展迅速扩张和不断持续，生产要素向劳动生产率高的部门转移，促进城镇化的发展。技术创新驱动城镇产业的发展，一是通过新技术的应用改造升级原有的传统产业，提高经济效益；二是技术创新带动高新技术产业的发展，打造先进制造业和现代服务业，这也是新型工业化的重要内容；三是工业化过程中的技术创新不断增强和完善城市功能，如智慧城市的建设，信息通信、交通运输条件的改善，大幅度提升城市空间的可达性，降低信息获取和应用的成本，有利于要素的进一步集聚和城镇规模的扩大。

（三）城镇化促进工业化发展的影响机制分析

城市集聚经济效应既是研究城镇化的重要理论基础，也是促进工业化发展的关键途径。本书从企业内部集聚、定域化经济、城市化经济三个层次讨论城镇化的集聚经济效应对工业化的影响。

1. 城市集聚经济效应

城市集聚经济理论可追溯到马歇尔的经济理论（Marshall, 1920），研究认为集聚区域的企业通过共享劳动力、技术、基础设施等资源有利于节约企业的成本，同一产业集聚有助于企业间的知识溢出和技术传播，从而促进产业及城市的发展。Rosenthal 和 Strange (2001) 等讨论了集聚经济产生的三个方面原因：共享劳动力池、投入产出联系和知识溢出，实证结论认为共享劳动力池是其中最主要的因素，国内学者研究认为人口集聚和创新集聚是城镇化水平提升的双元动力机制（王梦晨、周密，2020）。集聚经济是一种区域异质化的非均衡空间演化过程，并塑造了新的空间结构（Maier, 2000），而城镇就是一种重要的空间结构形态。城镇化的健康有序发展能够增强城镇集聚经济效应。首先，城镇化的过程不断聚集了产业发展所需的各种要素。城镇化的发展与城市集聚经济是相互促进、互为因果的关系，进而形成一种自增强机制。城市经济的基本特征就在于它的空间集聚性，由于城镇化的发展，劳动力、资本、技术等生产要素不断向城市聚集，尤其是在高新区、开发区、工业园区等城镇化的重要载体发展推动下，人才要素、科技成果要素、科技服务、科技中介以及知识媒体的专业化生产也会在城镇聚集，吸引大量企业在园区集中进而带动相关产业的发展，增强了城市集聚经济效应。与此同时，城市自身功能也得到了进一步完善，交通、信息、生产性服务等基础设施不断完善，从而促进了城镇化的发展。其次，城市集聚经济创造了巨大的市场需求，拉动了城市经济增长。城镇化具有一定的收入效应，从城镇区域来看，集聚经济的存在创造了就业空间，也提高了劳动力的收入水平。加上人口流动为城镇创造了更大的市场消费需求，城镇居民的需求逐步从生存性必需品向生活发展型需求转变，进而衍生出教育、医疗、住房、金融、娱乐等，这是新兴产业发展的重要基础。再次，创新集聚效应。城镇化有利于技术创新的开展，创新活动也在城市空间聚集，大量研究表明，创新与城镇化之间有着密切的关系。美国小企业管理局通过1990—1999年的数据研究表明，90%以上的专利与城市有关（Gerald，2007）。我国学者的研究也表明技术创新与空间存在密切的联系，如余泳泽（2011）认为，我国的技术创新呈现非均匀状态，空间集聚趋势明显，具有显著的空间相关性。城镇化聚集了大量的创新要素，有助于创新环境的形成，如高端人才、科研机构、高校以及研发中心等机构在城市聚集。城市也有利于技术创新的市场化，从市场需求方面为创新提供了支持，创新集聚效应在城市得以显现。最后，集聚经济的空间溢出效应。经济集聚的溢出效应是近年来的研究热点，学者从空间计量的角度展开了大量的研究。空间计量经济学理论认为，一个地区空间单元上的经济活动与邻近空间单元上的同一现象是相关的，这是空间溢出效应的主要原因（Anselin，1988）。城市集聚经济的外溢效应的经济学解释主要是从外部性理论的视角出发，同一种经济活动在城市集聚产生的知识外溢和技术传播，称为 MAR 外部性，以及不同经济活动在城市集聚所产生的溢出效应，称为 Jacobs 外部性。自此，基于两种外部性理论来阐释经济集聚的溢出效应成为空间经济学、区域经济学研究的热点。

2. 集聚经济效应促进工业化发展的作用机制

（1）内部集聚效应促进工业化的发展。所谓内部集聚集中反映为企业内部规模经济和范围经济。企业是一个生产要素的集合体，生产要素的集聚使得在企业内部形成一定的规模和要素结构，进而使企业能够随着规模的扩大而提高效率、降低平均成本、取得更大收益的经济特性，这是内部规模经济的体现。内部范围经济是指企业通过多样化生产或经营来降低成本、增加收益。工业化是一个分工不断深化的过程，专业化分工在提升生产效率的同时，必须与规模化大生产相结合，才能形成规模经济效益。城市集聚经济效应让企业规模经济成为可能，大量的生产要素在城镇集聚，而且企业所需的高端人才要素、科技成果要素、科技服务，以及知识媒体等专业化生产也在城镇集聚，满足了企业规模化需求。另外，企业在多元化经营中，扩大范围经济的同时，也会引起产品品类的增加和交易费用的提高。交易费用一般包括运输费用、固定交易费用、狭义内生交易费用三种（刘秉镰、王家庭，2004）。而要素集聚程度较高的城市经济，大大减少了企业的运输成本以及相应的交易成本。因此，从微观机理的分析可知，企业是工业化的主体推进力量，城市集聚经济效应能够促进企业内部集聚经济的发展，进而成为工业化发展的内生动力。

（2）定域化集聚经济促进工业化发展。定域化经济又称地方化经济，是企业外部、行业内部的集聚经济，主要表现为产业集群效应。产业集群是一种产业集聚的规模经济，指同一行业的企业或密切相关的产业在特定区域集中的现象。与企业内部集聚效应不同的是，产业集群对于单个企业而言是一种外部规模经济，这个层次的集聚经济是企业间甚至是产业之间的相互合作与协同的结果。对于工业部门来说，产业集群经济尤为明显，工业部门的生产活动选定具有区位优势的地域后，如果市场需求充分，关联企业或相关部门迅速集中到这一区域，形成配套的生产体系。产业集群所带来的生产成本和交易成本下降是显而易见的，一是产业发展所需要的生产要素能够迅速得到匹配；二是产业集群会使专业化分工程度越来越高，催生专业化的生产性服务出现，从而降低工业企业的生产成本；三是降低企业的研发创新成本，集群产业内新工艺、新技术能够迅速传播，有利于技术的交流和人才的培养。因此，产业集群通过企业外部规模经济，进一步强化了专业化分工，促进了工业化的发展。

（3）城市化经济促进工业化发展。城市化经济是指多个行业（产业）向城市地区集中形成的集聚经济，主要是由产业间的外部性而形成的。与定域化经济不同的是，城市化经济的形成和外溢效应是针对整个城市经济的发展，而不是对某一个产业部门而言的，具有典型的城市集聚经济外部性特征。具体表现为：一是城市化经济共享规模化的基础性资源。任何产业的发展都离不开道路、供水系统、供电系统、通信设施等公共基础设施的支撑，显然这些公共资源具有显著的规模经济特征，城市集聚经济特征越明显的地区公共基础设施的运营成本就会越低。对产业发展而言，基础性公共资源越丰富，企业就不需要增加额外的补充性投资，进而转化成企业的收益。二是劳动力市场经济。人口的集聚为产业的发展提供了丰富的劳动力资源，降低了企业与劳动力之间的搜索与匹配成本，也能够提高企业的劳动生产效率；同时对城镇居民而言，也获得了大量的就业机会，提升了收入水平。三是信息经济与多样性经济。各类产业在城市集聚的同时，各类社会经济活动也会逐步在城市地区发展，进而便利了信息的交换和技术扩散，新技术的应用与推广也有了相应的市场基础，有助于技术发明和创新。多样性经济体现在多元化的市场需求，产业集聚、人口流动以及城市自身的发展，相互作用，产生了多种形式的外部经济利益，相应地会产生各种产品（服务）的需求与供给，进一步加深了城市分工和城市经济的发展。

二 城镇化与工业化互动协同的外生动力机制

城镇化与工业化互动协同发展受到很多外生变量因素的影响，这些因素构成了城镇化与工业化发展的重要动力，本书主要从政府导向、制度安排和贸易与外向开放度三个方面进行分析，基本结构如图3.2所示。

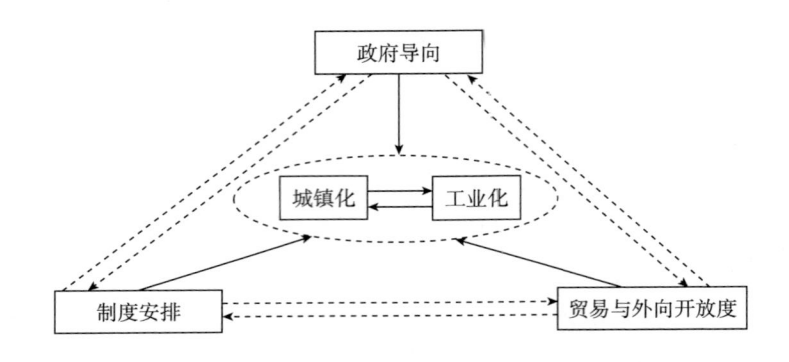

图 3.2 城镇化与工业化互动协同的外生动力

资料来源：笔者绘制。

（一）政府导向

政府是城镇化和工业化发展过程中的重要参与主体之一，在弥补市场机制的局限性和政策制定等方面发挥着不可替代的作用，如在公共服务提供、反垄断、兼顾公平与效率等方面都需要政府发挥有形之手的作用。政府导向通过政策创新、直接投资、产业引导等方式推动城镇化与工业化的互动发展。一是政策导向。劳动力在城乡之间的流动和动态转移很大程度上取决于政府政策是城市偏向还是农村偏向（徐静，2013）。一系列政策组合是政府刺激经济活动的必要手段，土地制度、产权政策、就业、户籍及社会保障等完善的制度体系建设是城镇化与工业化协同发展过程中的重要保障。二是投资导向。政府直接投资也是推动城镇化和工业化发展的重要力量，包括大型产业项目的投资、公共基础设施的投资、公共服务的投资等，政府投资一方面拉动了经济增长，完善了城市自身发展的功能，也会吸引产业和人口往城市聚集，加快城市化进程。三是产业导向。不同地区的产业结构有所差异，因而在经济发展过程中产业发展的比较优势会不同，政府在制定产业政策、因势利导过程中的决策直接关系到城镇化与工业化发展的方向。政府的政策往往带有一定的偏向性，在不同的政府政策导向下，会形成不同的城镇化与工业化发展路径和模式。

(二) 制度安排

制度经济学认为，世界各国的经济发展差异的原因是制度的不同。具体来讲，工业化与城镇化的发展是在一个国家或地区具体的经济制度框架下进行的。不同的制度安排所导致的要素配置方式、技术创新效率、产业发展战略等均会存在巨大差别，进而会影响到城镇化与工业化互动协同关系的差异性。在改革开放前由于我国计划经济体制条件下的重工业优先发展战略，以及城乡二元户籍制度的限制，使我国的城镇化与工业化发展出现了较长时间的分离状态，出现了城镇化严重滞后工业化现象，日本经济学者小岛清称为"控制型城镇化"（Kojima，1996）。随着外部环境的变化，我国工业政策的调整以及户籍制度、社会保障等制度的改革，工业结构得到了进一步的优化，大量人口不断往城市转移，工业化与城镇化发展逐步走向协调。

完善的制度设计促进城镇化与工业化发展的核心作用具体体现为以下几点：（1）有效的制度是实现要素自由流动、资源高效配置的基础，能够使农村或农业部门的劳动力、资金等剩余生产要素不断向城市或非农部门转移，促进城镇化和工业化的发展，而缺乏制度保障将会丧失市场机制发挥的基本条件。（2）有效的制度设计能够推动城市建设和城市功能的完善，如土地制度、城市发展规划制度、城市建设资金使用制度等，缺乏制度性的保障，城市建设和自身的发展难以与产业发展需求相匹配，城市功能的提升将缺乏内生动力。（3）有效推动工业化的制度安排，能够促进工业创新功能的实现和劳动生产率的提高，聚合各类生产要素，从而为城镇化的发展提供动力。（4）各项制度之间的衔接与配合是促进城镇化与工业化发展的能量聚合体，农村土地产权制度、城市建设制度、财政、金融、教育等对区域经济增长都会起到决定性作用，这就需要政府各个部门建立相互联动、相互配合的协调机制。

(三) 贸易与外向开放度

在开放经济条件下，对外贸易与区域外向开放程度是促进城镇化与工业化发展的重要外生动力，此时资本、人才、技术、商品、信息等要素在全球环境中进行交流与互动。对工业化与城镇化的影响具体表现为：一是地区的工业化与城镇化的发展是在承接国际产业转移的背景下进行的，国际产业转移也会呈现出阶段性特征，在工业化发展的高级阶段，以服务外包为主要内容的智力密集型产业会逐步向比较优势区域转移，地区和城市的发展更为深入地融入全球分工体系当中，或由于资源禀赋与比较优势不同，城镇化与工业化的互动发展呈现不同的变化。二是对外贸易拉动对国内或本地产业结构的影响。一方面，对外贸易的扩大和经济开放水平提高，促进产业结构从劳动密集型向技术密集型转变，产业结构升级效应拉动工业化的发展。另一方面，国际直接投资也会对国内或地区产业结构产生影响，外商在国内的直接生产或销售商品都会影响本地的产业结构变动以及区域产业的分布，进而影响到工业化和城镇化的进程。三是对外贸易通过促进技术创新推动工业化与城镇化的发展。国内外众多学者如 Moomaw（1996）、路永忠等（2007）、郭东杰和王小庆（2013）对工业化、城镇化以及对外贸易之间关系做了大量研究，从理论与实证检验了对外贸易对工业化与城镇化的贡献度。其中主要的作用机制围绕产业结构升级、促进产业集聚、技术外溢效应等方面展开，国际贸易存在显著的技术外溢效应，技术进步是促进工业化和城镇化的互动发展的重要动力。在引进新产品、新工艺、新标准的同时，对外贸易可以促进制度创新，节约了相应的交易成本。

三 城镇化与工业化互动协同发展的阶段性特征及规律

城镇化与工业化互动协同发展呈现出明显的阶段性特征，在工业化发展的不同阶段，两者的相互作用机制及内生动力存在明显的差别。本节依据工业化的不同阶段的划分，对城镇化与工业化的发展规律进行总结和梳理，为后文重点阐述工业化后期的"两化"协同推进机制的构建打下基础。

美国地理学家诺瑟姆将城镇化的发展规律总结为一条 S 形曲线，即著名的诺瑟姆曲线。并将城镇化的发展阶段划分为城镇化初期、城镇化中期与城镇化后期，对应的城镇化水平为30%以内、介于30%—70%，以及大于70%；城镇化的三个阶段分别对应于工业化初期、中期和后期，这是经典的特定区域城镇化发展的三阶段论。这一划分方法具有一定的科学性，但城镇化的第二阶段过于笼统，而且无法与经济发展的四阶段更为详细地对应起来。因此，本书在诺瑟姆曲线的基础上，参照方创琳（2019）的做法，将城镇化的发展阶段划分为城镇化发展初期（城镇化水平低于30%）、城镇化发展中期（城镇化水平为30%至60%）、发展成熟期（城镇化水平为60%至80%）、城镇化末期（城镇化水平大于80%以上）。在城镇化与工业化协调发展的前提下，城镇化发展的四个阶段分别对应于工业化初期、工业化中期、工业化后期以及后工业化时期，具体如图3.3所示。

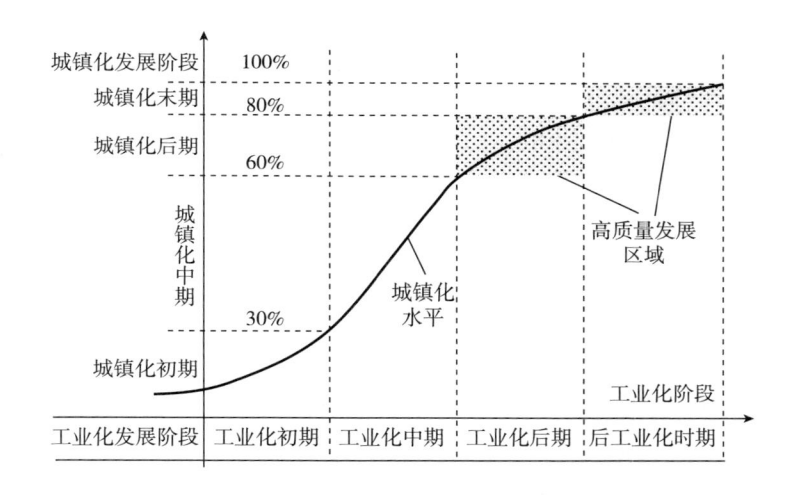

图 3.3 城镇化与工业化互动协同发展阶段性特征

资料来源：笔者绘制。

（一）工业化初期阶段

从国内外工业化与城镇化发展过程来看，在工业化历史进程中，一般分为工业化前期、实现工业化阶段、后工业化阶段，而一个国家和地区实现工业化的过程一般分为工业化初期、工业化中期、工业化后期三个阶段。"工业化与城市化协调发展研究"课题组（2002）认为，在工业化的不同阶段，工业化与城镇化的互动关系存在较大的差别。在工业化初期，也即城镇化与工业化发展的起步阶段，工业处于主导地位，工业化对城镇化有着直接的带动作用。城市机器大工业的发展逐步取代了传统的手工作坊，这一时期相对于农业和服务业来说，工业的劳动生产率快速提高，从而吸引大量原本从事农业的劳动力到城镇就业，加速了人口向城市转移，进而促进资本、技术等生产要素向城市集聚，加速推动了城镇化进程。在工业化初期，城镇的功能主要是为制造业等产业发展提供相应的场所，其中包括道路交通、通信、生活配套服务等基础设施的建设，以减少产业发展的成本，为制造业的快速发展创造条件。而工业的发展所积累的财富为城市的功能的完善及人们生活水平的提高奠定了基础。这一时期城镇人口占总人口的比重一般在30%以下，其特点是经历的时间较长，城市数量少，城市规模小，城镇化水平低，发展速度缓慢。从产业结构上看，农业经济占主导地位，第一产业所占就业比重较大，为50%以上，第二、第三产业就业比重分别约占20%。城镇发展的空间形态表现为"点"状结构，城市以单核发展为主要特征，大城市周围的小城镇数量在不断增加，人口逐步增加，城市建设规模不断扩张等。

（二）工业化中期阶段

工业化中期阶段，城镇化与工业化进入"双快"发展阶段，即工业化与城镇化都进入快速发展阶段，同时，工业化与城镇化也是经济社会发展的"双引擎"。在这个时期，城镇化率一般为30%—70%，其主要特征是：城镇化速度明显加快，人口不断向城镇集聚，城镇的数量也在不断增多，会有都市圈和城市连绵带的出现。从产业结构来看，第一产业比重明显下降，在吸纳就业和促进经济增长方面第二、第三产业成为主要贡献力量，第三产业对城镇化的促进作用逐步增强，城市对就业的吸纳和经济社会发展的作用日益显著，城市经济全面崛起。从空间形态变化来看，城镇空间发展呈现出"面"或"带"状结构。工业化依然是城镇化发展的主要驱动力，工业化与城镇化的互动特征最为明显，其对城镇化的促进作用主要表现为：一是工业的分工不断深化，对中间品及生产性服务的需求加大，工业的迂回生产程度在加深，对专业化的服务经济需求越来越多，相关产业发展的带动作用明显增强。二是分工的专业化以及企业生产的社会化，这就需

第三章　城镇化与工业化互动协同发展的机理分析 ┃ 55

要增强企业之间协作功能以及关联产业之间的联系，因此城市的集聚经济效应逐步显现。三是随着城市服务业的集聚发展，服务业的分工也进一步细化，生产性服务业为工业发展提供所需的服务，如投资、咨询、培训、系统性解决方案等服务，而生活性服务业的发展为城镇居民提供全面的服务，吸引更多的就业人口进入城镇。城镇化对工业化的推动作用主要还是通过集聚效应发挥作用，第一，城镇对生产要素的集聚作用为企业的生产和产业的发展创造了基础性条件，降低了企业的交易成本和运输成本，提高了工业生产效率，促进了企业规模的扩大，尤其是知识、创新、人才等高端要素的集聚进一步形成了溢出效应，加速工业化进程的同时促进区域经济的发展。第二，人口的集聚是内需形成的重要基础，拓展了城市经济增长的需求空间，也为工业的生产提供了动力。第三，城镇的产业集聚是一种特殊的产业组织形式，也是城镇化过程中自然形成的经济现象，产业集聚不仅有利于技术创新，推动产业结构升级，加速区域经济实现工业化的进程，也会优化城市生产、生活、生态空间布局，有利于城市经济的持续发展。

（三）工业化后期阶段

从城镇化与工业化协调发展的规律来看，进入工业化后期，城镇化的发展一般会进入成熟期，本书认为此阶段的城镇化率一般为60%—80%。工业化对经济增长的贡献逐渐减弱，城镇化的作用不断增强，具体表现为服务业功能的强化。我国新型城镇化建设将为工业化的发展创造巨大的市场需求，城镇化的集聚经济效应进一步发展，同时，工业化带动下的产业转型升级和技术创新将为新型城镇化发展创造条件，尤其是我国长期以来城镇化滞后于工业化的发展，城镇化尚处于快速发展阶段，两者的发展并不像发达国家那样城镇化与工业化同步发展，到工业化后期两者出现背离的现象，因此，工业化后期我国城镇化与工业化之间相互促进、协同发展的关系不会发生变化。这一阶段城镇化与工业化发展的特征表现为以下几点：从城镇化水平看，城镇人口增长逐渐放缓，城市功能逐步趋于完善，大城市产业发展趋于饱和，产业升级进入深度调整期。从区域发展看，城乡差距逐步缩小，区域空间一体化发展，可能会出现郊区化和逆城镇化的发展。从产业结构看，第一产业比重大幅下降，第三产业逐渐上升，成为经济增长的主要构成部分。从城市发展动力机制看，第三产业成为主要的牵引力，在吸纳就业、拉动经济增长、完善城市配套服务功能等方面都发挥着越来越重要的作用，服务业逐步取代工业成为城市发展的主导产业。从空间形态看，城市体系形成大、中、小城市及小城镇等综合发展的局面，城市空间呈"网"状结构，城市群、都市圈、城市连绵带等多种城市形态会相继形成。如图3.4所示，规模较大的城市和中小城市构成城市群，在一定的城镇区域彼此相连，形成了都市连绵带；由中心城市与小城镇形成了都市圈，以及大量城镇的聚集和相互连接，未来将发展成为新的都市圈。工业化的主要表现为以制造业为代表的工业逐步向城市次中心甚至郊区转移，工业布局逐渐远离城市中心，城市总部经济得到发展。工业化后期传统工业化的模式难以适应新型城镇化的发展要求，结合以"人"为核心的城镇化理念，将产业、城市、人的发展三者结合起来，统筹协调产业规划与城市发展规划，实现产城融合发展。

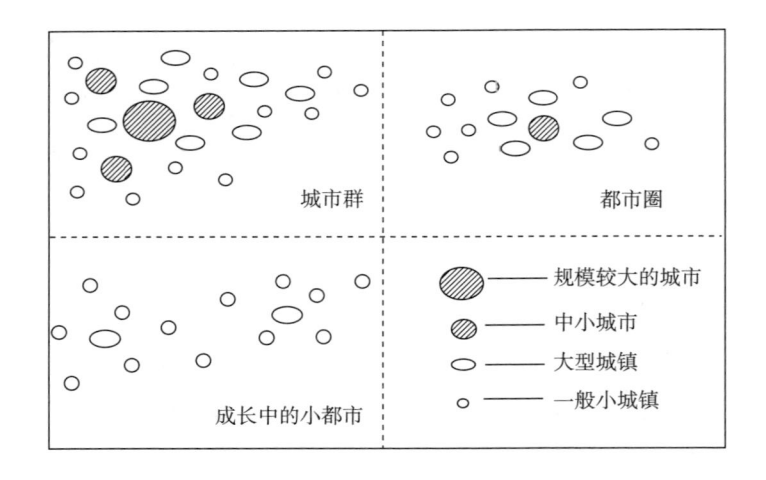

图 3.4 工业化后期城镇化发展空间结构形态

资料来源：笔者绘制。

（四）后工业化阶段

按照本书对城镇化与工业化协调发展阶段的划分，在后工业化时期，城镇化也进入末期的发展阶段，城镇化率在80%以上。现代服务业成为经济社会发展的主要动力，进入后工业化阶段，工业的发展对城镇化会有怎样的影响，存在较大的分歧，社科院"工业化与城市化协调发展研究"课题组（2002）通过对不同收入水平国家的工业化与城镇化关系的考察，认为日本、阿根廷这样的发达国家已经在20世纪60年代完成工业化，在后工业化阶段城市化进程与工业化没有什么关系，城镇化率的提高基本上是由服务业拉动的。Scott（1986）认为，工业化是催生产业组织变革的重要过程，即使是在工业化后期，工业的发展依然是现代城市发展的基础，劳动分工、信息技术的发展、社会需求结构变化等都会对现代城市的发展产生重要影响。本书重点讨论的是我国工业化后期城镇化与工业化的关系，即我国在实现工业化进程中工业化发展与城镇化之间的互动协同关系研究。当然工业化与城镇化的发展是连续的过程，工业化后期到后工业化时期的经济社会发展环境也不是突变的过程。因此，本书认为在工业化后期直至走向后工业化时代，随着我国工业不断转型升级，工业的发展对城镇化仍有巨大的拉动空间。

从工业化与城镇化发展所需的要素结构来看，主要存在以下几个方面的转变：劳动力要素方面，后工业化时期的企业对劳动生产率提出了更高的要求，工业生产由劳动力密集型转变为知识技术密集型，因而对劳动者的素质要求也越高，城镇中第二产业对劳动力就业的吸纳会降低，而以技术创新及应用为主导的第三产业对高素质人才的需求量会大大增加。对于土地要素方面，由于网络与信息技术的广泛应用改变了时空距离，工业生产对资源的集聚度、对高度集中的规模生产的依赖性逐渐降低，因而，工业发展对土地的需求会降低，城镇化建设不再需要高度集聚的建设用地，城镇分布呈现出新的特征。技术要素成为后工业化时期的重要变量，高新技术产业的快速发展推动传统产业的转型升级，信息技术的发展使得生产、消费、贸易等形成广泛的连接，城镇化的建设也必然要与技术的发展相适应，在发展规划、基础设施建设、产业布局等方面均要与技术的发展趋势相适应。同时，后工业化时期现代服务业的发展对工业的发展越来越重要，现代服务业与制造业交叉融合发展的趋势越来越明显，现代服务业的发展不仅成为城镇经济发展的重要组成部分，也为工业化的发展提供了动力。

第二节　工业化后期城镇化与工业化互动协同发展的机理分析

工业化后期的城镇化与工业化的发展面临着新的经济特征，本节在前文构建的"技术创新—产业结构升级—集聚经济效应""两化"互动协同发展的主线分析框架基础上，考察影响城镇化与工业化发展的动力机制，分别从要素供需动力、产业动力转型和技术创新三个方面进行分析，其理论机制框架如图3.5所示。

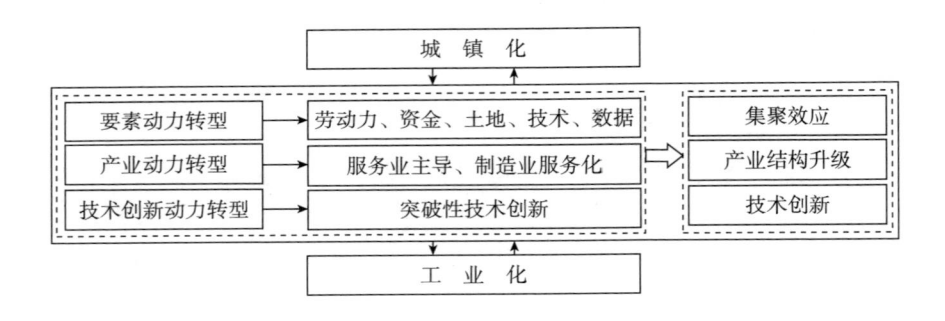

图 3.5　工业化后期城镇化发展动力机制转型

资料来源：笔者绘制。

一　城镇化与工业化发展中的要素动力转型

在我国工业化后期，虽然经济发展方式由要素驱动不断向创新驱动转变，但传统的劳动力、土地、资本、技术创新生产要素依然是影响城镇化和工业化发展的重要动力源泉，同时数据成为新的生产要素，生产要素的供需结构变化直接影响城镇化与工业化发展动力机制的形成。

(一) 人口红利消退，劳动力供需结构发生新变化

过去一段时期我国城镇化与工业化的快速发展得益于农村剩余劳动力向城市和非农产业转移，但随着刘易斯拐点的出现，适龄劳动力数量下降，人口红利逐渐消退。15—64 岁劳动力从 2010 年开始出现绝对下降，占总人口比重从 2010 年的 74.5% 下降到 2021 年的 68.3%。从劳动力供给来看，新增劳动力转移数量空间有限，根据《2021 年农民工监测报告》数据显示，2021 年农民工数量为 29251 万人，总量增速出现回落。从劳动力素质来看，小学及以下文化水平占 14.5%，初中文化程度占 56.0%，高中文化程度占 17.0%，其中大专及以上文化程度占 12.6%，50 岁以上农民工数量逐年增加，并成为农民工群体的主要构成部分。工业化后期从劳动力需求来看，由于技术进步的技能偏向性，高技能的劳动需求会增加，这一趋势不仅在工业制造业领域表现明显，在服务业领域也是如此。在传统产业就业创造空间有限的情况下，也就是说，劳动力整体素质得不到提升匹配产业发展需求，将会导致结构性失业。究其原因，一方面，由于企业生产需要更高的劳动生产率来参与全球价值链竞争，自然会提高劳动力的素质要求；另一方面，随着新一轮科技革命的加速推进和信息技术的广泛应用，资本劳动价格比不断下降，工业化的深化发展形成"资本增密、替代劳动"的过程。随着技术进步和产业结构升级，第一产业的就业逐年减少，并向第二、第三产业转移，经济结构服务化导致第三产业成为吸纳就业的主要部门，如 2018 年第三产业就业比重占 46.3%。

(二) 资本需求与融资条件的变化

工业化与城镇化发展过程中，资本要素一直是重要的驱动力，甚至也是制约城镇化与工业化发展的因素。工业化后期，国际贸易与全球金融市场紧密联系在一起，现代信息技术使得实体经济与虚拟经济的融资环境变得更加快捷便利，股票、有价证券、国际资本结算都朝着数字化、电子化、无纸化方向发展，大幅度缩短了交易时间和提升了资本配置效率。资本来源的多元化为我国城镇化与工业化发展创造了良好的条件，外商资本的注入、社会资本的广泛参与为我国经济发展投资规模的扩大提供了保障。与此同时，高投资率也导致了工业领

域的产能过剩，一方面要化解产能过剩、提高投资效率，另一方面也要维持必要的投资规模和调整投资结构。工业化后期，城镇化发展的融资环境发生了相应的变化，首先，地方政府债务约束，土地融资渠道收紧。国家出台了一系列政策防范地方政府债务风险，在一定程度上制止了土地财政，因此城镇建设的资金结构也急需转型。其次，财税制度改革影响房地产的资金来源。税收制度改革后，国税地税合并，未来房地产税不再是地方独享税种，地方政府对其依赖性降低，从而地方政府不再依靠城镇化的扩张来拉动财政收入，城镇化建设的资金来源也会受到影响。

(三) 城镇化与工业化发展的土地需求变化

按照新型城镇化与新型工业化集约发展的要求，工业化后期工业用地和城镇建设用地绝对和相对需求都会下降。一是由工业化后期的经济社会特征决定的，工业生产由劳动资本密集型转向知识技术密集型，以现代服务业为代表的主导产业对土地要素的需求量不像工业化时代工业用地那么大。二是城镇化建设用地不再高度集聚，一方面信息化时代，网络和信息技术的发展缩短了城市生活和生产的时空距离，许多工业生产对资源、生产规模的依赖性降低，也削弱了产业集聚与企业集群的动力。同时，工业生产的产业组织形态发生改变，信息化手段的运用和网络平台的形成，使工业生产在更大范围形成了虚拟集聚。另一方面，我国城镇化进程进入中后期快速发展阶段，出现逆城市化分散现象，东部及沿海发达地区，尤其是环渤海城市群、长江三角洲城市群、珠江三角洲城市群等大城市周围已经建立起城市新区，城市人口和企业大量向郊区迁移，城市中心吸纳就业水平下降，市郊和周边城镇就业水平上升；传统制造业向郊区或相邻地区扩散，高端业务向中心城市集中。

(四) 技术创新成为关键生产要素投入

工业化的不同阶段主要生产要素投入的类别不同，工业化前期以劳动密集型为主，工业化中期为资本密集型，到了工业化后期主要是知识智力资本的投入，成为知识密集型，技术创新成为工业化的重要投入因素。工业化后期是信息技术与高新技术产业较为发达的阶段，传统产业在国民经济中的比重逐步缩小，高新技术加速向传统产业渗透，促进传统产业升级。目前，以新一代信息技术、新能源、生物技术等为代表的第四次工业革命正加速推进，技术创新为深化我国工业化发展创造了有利条件，加速传统产业升级的同时，也推动了我国工业发展向智能化转型，城市的发展向智慧化发展。新型城镇化的建设自然离不开技术创新的推动，在城市规划建设方面，按照国内国际领先科技水平的定位，吸引符合城市发展特色、附加值高的项目落地城市，走创新驱动城市发展的路子。城市服务与城市管理更加趋于智慧化，通信、交通、能源、公共服务等多个领域实现物联网管理，城市服务和城市管理不断朝智能化方向发展。

（五）数据成为一种全新生产要素

随着物联网、大数据、云计算、人工智能等新一代信息技术的广泛应用，网络化、数字化、智能化深度融合成为城镇化、信息化与工业化深化发展的突破口。数据成为信息产业的基础性资源，没有数据的支撑，就没有大数据、云计算等新兴产业的发展。未来随着智能芯片、5G技术、物联网等技术的进一步发展，数据在生产、流通、消费等环节的应用将越来越广泛，目前我国在金融、零售、电信、公共管理、医疗卫生等领域大数据技术普遍得到重视和应用开发，数据的商业价值正在体现。数据作为生产要素具有以下几方面经济特征：一是较高的固定成本。大数据技术开发应用的三要素是数据、算法和算力，这三者缺一不可，并且要形成有效的衔接，就需要相应固定成本的投入；企业在建设数据库存储海量数据时首先需要对服务器、交互网络基础设施、高性能计算机、云端设施等硬件设备的投入，算法的研究和优化需要科研技术人员报酬的投入。二是零边际成本。数据在复制、流通、重复利用等操作应用几乎不产生任何成本，甚至受到梅特卡夫法则等互联网发展规律的作用机制影响，用户的数量越多，数据越具有价值。三是数据的累积溢出效应。随着数据量的不断增加以及广泛开发利用，类似机器学习等开发方式使得产品和服务的质量更加优化，尤其是物联网环境下交互数据呈几何量级的增加，对所有研究对象的个体特征、经济环境变量、行为路径等信息记录得更加全面，数据应用与数据累积相互增强；同时，生产者、消费者等市场相关主体的行为特征数据信息也会得到利用，数据将创造更多的新市场，形成产业发展的新资源促进研发生产。

二 城镇化与工业化发展的产业动力转型

产业转型是世界城镇化与工业化发展的必然趋势，城镇化起步阶段是由工业制造业带动，在中后期阶段转换为由服务业主导带动，这也是城镇化与工业化互动发展的基本规律。产业发展是工业化和城镇化的动力机制的中坚力量，不同工业化阶段产业结构特征存在较大差异。我国工业化进入后期阶段，这一阶段服务业占国民经济的主体地位，尤其是以科技为依托的现代服务业已成为经济社会发展的重要力量。同时，制造业内部结构呈现出新的变化，制造业服务化趋势明显，不断向价值链两端延伸，制造业转型升级为工业化的发展提供了直接动力。

（一）城镇化的产业动力转型：从工业制造业到服务业

新中国成立以来，我国城镇化的发展产业动力主要来自工业制造业，工业化起到了巨大的推动作用。2021年我国城镇化率达到64.72%，随着我国进入工业化后期和城镇化中后期发展阶段，服务业在城市发展中的地位明显提升，城镇化发展更多地依靠服务业引领和带动。

1. 产业转型是世界城镇化发展的基本规律

欧美等发达国家城镇化经验表明，城镇化的发展起步阶段是工业制造业驱动，在中后期阶段是服务业带动。第一次工业革命以来，欧洲进入快速工业化阶段，出现了大批量的制造业，创造的就业机会吸引了农村劳动力。为容纳更多的工人，围绕工厂所在地建立起了许多住房，城市的雏形开始显现。如英国伦敦，在第一次工业革命推动下成为世界第一大港口和世界制造业中心，并保持了300多年。同样，美国在第二次工业革命的推动下，工业化城市迅速发展起来，城镇化率在50%以前，美国都是以工业化带动城镇化发展。工业制造业在这一时期的作用主要表现为两个方面：一是加快人口向城市聚集，促进人口的增加，主要是依靠劳动力转移实现的；二是促进城镇的发展，依托能源产地、交通枢纽、制造业集聚区等发展起一批城镇。当欧美等发达国家的城镇化水平达到一定程度以后，城镇化面临着一系列社会问题需要解决。服务业发展另外一个原因是，欧美国家在工业化过程中也出现过工业制造业产能过剩的问题，这些国家意识到工业制造业的生产能力应该与生产性服务业平衡发展，才能使城市经济得到健康发展，于是机器设备维护、金融信贷服务、物流商贸、法律咨询等生产性服务业开始繁荣，城市的工业制造业承载功能向服务业功能转变成为欧美国家许多城市发展的趋势。20世纪70年代后，欧美等发达国家的城镇化率达到70%以上，城镇化进入中后期发展阶段，工业制造业对城镇化的带动作用逐步下降，如美国的底特律，制造业工厂倒闭，就业减少导致贫困增加和城市破产。20世纪后期出现的三大技术加速生产性服务业发展，这三大技术是生产过程技术（自动化设备、机器人、生产线技术等）、交易技术（库存控制、信息管理系统等）、通信技术（如光纤网络、电子邮件、通信卫星等）。

2. 我国服务业发展已成为新型城镇化的新动力

我国已经进入服务经济时代，2021年，我国第一、第二、第三产业增加值占GDP比重分别为7.3%、39.4%、53.3%，第三产业已成为GDP贡献的主要组成部分；从就业来看，三次产业就业比例分别为26.1%、27.6%、46.3%，第一、第二产业吸纳就业不断下降，第三产业就业创造稳步提升。服务业已成为经济增长、就业创造、民生保障等方面主要的贡献力量。随着信息技术的发展，服务经济的形成，社会分工不断深化，生产环节也进一步分散，城市空间专业化分工也需要金融、物流、法律、咨询、研发设计等生产性服务的支撑，城镇化与现代服务业的发展具有天然密切的关联关系。与此同时，工业化后期，我国新型城镇化高质量发展需要探索新的动力机制和发展模式。构建以现代服务业为主导的城镇产业体系，充分发挥现代服务业在城镇化建设、就业提供、产业协同等方面的作用，实现城镇化与工业化、信息化互动协同发展，是推进城镇化转型、促进城镇化高质量发展的重要路径。网络化的城市体系形成过程中，县域、乡镇等城镇化建设重心下沉的区域现代服务业具有广阔的发展空间。

第一，促进公共服务业发展，提高城镇区域互补协同水平。我国的公共服务业在区域之间、城乡之间并不平衡，仍存在较大差距。公共服务业的发展和完善，是降低居民生活成本和企业生产成本的重要途径。保障与民众生活息息相关的公共服务产业发展，提高公共服务均等化水平，在基础设施、教育、医疗卫生、环保及公共设施等行业领域还有较大投资空间。同时，通过政府投资和培育社会组织发展公共服务业，带动城市治理水平的提升。

第二，加快消费性服务业发展，满足居民不断升级的消费需求。进入城镇化中后期发展阶段，城镇社区服务和家庭服务业是消费性服务业的重点领域，一些产业在中小城市和中心城镇尚处于起步阶段。如社区医疗、社区养老、社区文化娱乐、社区便民综合服务业等配套服务在新型城镇化建设过程中存在许多问题，在人才素质、技术水平、基础设施方面都需要改进。随着人们消费需求的不断升级，许多家庭服务业门类供不应求的问题比较突出，具有专门知识、技能和专业化实践经验的家庭服务业人员市场供给不足，如育婴师、家庭医生、家庭教师、私人教练、家庭顾问以及不断出现的新型家庭服务业。

第三，大力发展生产性服务业。生产性服务业一般包括金融保险、研究开发、信息服务、物流和供应链服务业、计算机应用服务、市场营销及咨询等。生产性服务业不仅为制造业发展提供重要支撑，也是吸纳城镇就业和经济增长的重点领域。随着信息技术的发展，改变了服务业不可贸易的特征，如工业化后期制造业服务化趋势下，制造业不仅停留在加工制造环节，而且逐步向一体化综合解决方案的提供商转变。从地理空间上来看，随着大中城市产业结构的升级和调整，产业链不断延伸、扩散，生产性服务业发展会向城市周边中小城市及城镇化转移。生产过程的分散，使企业不仅能够突破地理空间的限制，在更大范围内开展业务和配置资源，也为生产性服务业提供了生产要素流动网络基础。

（二）工业化的产业动力转型：制造业与服务业融合

制造业与服务业融合发展已成为新产业革命背景下产业发展的重要趋势，大数据、云计算、人工智能、新能源技术等新一代信息技术的产生和广泛应用，将加速制造业与服务业融合发展，也将成为我国深化工业化发展的主要驱动力量。正确认识工业制造业的这一发展特征，推动制造业与服务业融合，对于我国加快产业转型升级，加快实现工业化进程具有重要意义。

第一，信息化成为制造业与服务业融合的主要技术载体。新一轮产业革命背景下的新一代信息技术成为服务业与制造业融合的黏合剂和推进器，推动生产技术系统性的变革，产业转型升级的同时也使得传统生产制造方式发生变革。在新工业革命推动下，形成了物联网、云计算、大数据、人工智能等新一代信息技术为核心的基础性技术进步[1]。这些基础性的技术创新改变了以往生产制造技术的组合方式。随着新产业革命的推进，新一代信息技术内部、新一代信息技术与制造技术之间深度融合，实现了众多增量性技术进步，这些增量性技术进步与基础性技术进步共同组成了系统性的技术进步。在系统性的技术进步影响下，生产制造方式逐步变革，表现出新的发展特征。一方面，生产制造过程的智能化水平提升，智能制造逐步成为生产制造的发展方向。依靠新一代信息技术与生产设备组成的物理信息系统，智能制造实现了对原料、机器、生产线等工业数据实时的收集、集成和传输，并通过系统进行智能化的控制和决策，进而提升整个制造流程智能化水平。另一方面，生产制造系统不断优化，智能化的生产方式提升了产品生产的灵活性，缩短了新产品的制造周期，从而满足消费者快速多变的产品需求。由此可见，以新一代信息技术为依托，大量服务活动在智能制造系统中发挥着重要作用，这种作用不仅体现在新一代信息技术与制造设备的融合与集成中，还体现在智能制造系统多元优化目标的实现过程中。因此，智能制造技术的发展必将推动制造业服务化。

---

[1] 方新、余江（2002）认为，技术创新分为基础性技术创新和增量性技术创新，两者共同组成系统性技术创新。本书按照该逻辑对新工业革命中的技术创新进行论述。

第二，居民消费升级市场需求拉动制造业与服务业融合。新产业革命对于居民消费的影响主要体现在消费观念、结构以及模式的变化。① 从供给侧角度来看，消费观念的改变主要来自新一代信息技术的应用丰富了消费者美学、科技等方面的知识，对于产品外观的创新性以及产品功能的智能化提出更高要求，个性化需求逐步向定制需求转变。这种转变推动制造企业服务化转型，通过基于新一代信息技术应用将消费者纳入产品的设计过程中，从而更好地满足消费者需求。同时，在绿色消费等观念的影响下，消费者对于产品的生产及使用中的环境友好性以及产品所蕴含的文化理念更加重视，以期在产品消费中获取更强的满足感。从消费的结构来看，新工业革命在提升产品生产能力的同时进一步提高了居民的收入水平。居民对于饮食、穿戴等生存型的消费需求进一步向交通、保健、教育、旅游等发展型、享受型的消费需求转变，对于饮食、穿着等生存型产品的品质要求进一步提升。从消费的模式来看，随着新一代信息技术的发展和应用，网络购物成为消费者进行消费的重要形式，各类平台成为消费者新的购物途径。同时，线上与线下相结合的体验式消费迅猛发展，通过线下商品的体验店，消费者能够更好地了解产品的性能等，线上的个性化定制为消费者量身打造所需要的产品。新的消费模式使得服务活动在产品的价值实现过程中占据了更高的比重，从而进一步推动制造业服务化，并将催生大量新业态。

第三，工业制造业绿色生态化转型及要素供给结构转变推动制造业与服务业融合。新工业革命前，制造过程转移到发展中国家在很大程度上是因为制造环节产生巨大的污染，发展中国家沦为环境避难所。而研发与销售环节则因为环境友好度较高被保留在发达国家。新工业革命中先进的生产技术降低了环境污染程度，甚至实现了零污染，因此成为发达国家竞相争夺的生产环节②。反观研发和销售环节

---

① 袁小慧等从消费观念、结构以及模式三个方面分析了消费升级对我国产业升级的影响，本书借鉴该思路分析新工业革命下消费升级对制造业服务化的影响。
② 美国"再工业化"战略最初是为了摆脱 2008 年国际金融危机，但更是为了把握新工业带来的制造业发展契机。

需要更多的人力资本，人才集聚导致城市人口不断增长，形成城市生活垃圾、交通拥堵等诸多环境问题。因而服务业与制造业环境压力的转变将推动各国重新选择主导产业。发达国家将重新推动工业发展，而将部分服务业转移到发展中国家，这种产业转移有利于在发达国家和发展中国家同时实现制造业与服务业的融合发展。从要素需求结构来看，新工业革命下技术创新推动了智能制造的发展，改变了原有的生产过程。加工制造等劳动密集型环节由于3D打印、智能机器人等技术的应用，逐步转变为技术密集型行业。发展中国家拥有的劳动力成本优势逐步消失。而发达国家依赖自身在制造技术上的领先，纷纷实施"再工业化战略"，重新建立起在制造领域的优势。相反，研发设计、营销管理等技术密集型环节由于新一代信息技术的推广普及，开放式创新的发展降低了研发设计环节的门槛。发达国家相继在中国、印度等地建立研发中心，以充分利用当地相对低廉的科研人员。这种发达国家和发展中国家分工的角色互换表明单纯地依赖服务业或者制造业发展已经不适用于新时期国家的经济发展。只有加速制造业和服务业的融合，才能够实现国家经济的发展。

三 城镇化与工业化发展的技术创新动力转型

目前，正处于工业化后期的我国工业化进程与正在加速推进的第四次工业革命形成历史性交汇，第四次工业革命驱动下突破性技术创新频发，这将为城镇化与工业化的发展形成新的技术创新驱动力。在技术创新的分类上，突破性技术创新相对于渐进性技术创新而言，是指能够跨越原有技术赛道，针对潜在市场进行非线性的技术研发，引起产业链和价值链发生巨大跃升，并对现有市场格局和产业形态产生根本性影响的创新（杜传忠等，2019）。渐进性技术创新则表现的是对现有主流技术在工艺、产品与服务上的互补、改进和部分替代。突破性技术创新具有显著的技术颠覆性、非连续性、较强的产业关联带动作用和渗透外溢效应等特征，会对现有市场上主流技术进行替代甚至形成颠覆性影响，对产业转型升级具有显著的促进作用。实质上，历史上每一次产业革命的发生都伴随着突破性技术创新的出现，如蒸汽机、电力技术、原子能、半导体技术、电子计算机、空间技术等的发明和应用，这些技术创新在前三次工业革命的过程中形成和产业化应用都属于突破性技术创新的范畴。因此，第四次工业革命背景下突破性技术创新的产生具有一般的规律性和必然趋势。新产业革命背景下，一大批突破性技术创新正在涌现，产业应用范围不断扩大，如人工智能、无人驾驶、区块链、量子通信、3D打印、智能机器人等，随着云计算、物联网、大数据等新一代信息技术的融合应用，突破性技术创新将在产业转型升级、城镇化与工业化发展等方面发挥重要推动作用。突破性技术创新对我国城镇化与工业化的影响主要体现在以下几个方面：一是加速传统产业转型升级，促进城镇化与工业化的发展。首先，会加速传统产业的改造升级。在提升生产效率、改善经营绩效、优化制造流程、降低成本等方面将发挥积极的促进作用。如人工智能这一突破性技术创新的典型代表，同时也是一种通用目的技术，其作用的发挥与电力等使能技术的效应类似，对我国三次产业的转型升级具有显著的促进作用。二是突破性技术创新带动下，会催生产业发展新领域，关联产业的发展、新业态、新模式的出现，都将成为新的经济增长点。三是产业间的扩散渗透效应。如第五代通信技术（5G）的应用，不仅应用于移动通信领域，还应用到工业制造业、交通、金融等多个产业领域。此外，突破性技术创新在城镇化与工业化发展中的新型基础设施建设（新基建）中具有广泛的应用场景。新型城镇化与新型工业化的发展，离不开基础设施建设的完善，尤其是在新产业革命背景下以数字化、网络化、智能化为重点的技术升级，未来智慧城市建设和工业智能化转型过程中，信息网络包括5G基础设施、大数据中心、云计算、人工智能、工业化互联网等领域的新型基础设施建设的完善，为突破性技术创新的产业应用提供了应用场景。

第三节　本章小结

本章构建了城镇化与工业化互动协同发展的理论分析框架，刻画了不同工业化阶段城镇化与工业化协同发展的一般规律及特征，并对

第三章 城镇化与工业化互动协同发展的机理分析

工业化后期"两化"协同发展的机理进行了分析。具体研究内容总结如下。

第一，分析了城镇化与工业化互动协同发展的一般内在机理，构建相应的理论框架。城镇化与工业化互动协同发展具有必然性和必要性，为阐释其内生动力机制，本书构建了"技术创新—产业结构升级—集聚经济效应"三维理论框架，工业化促进城镇化的发展主要通过产业结构升级、技术创新两条路径展开；而城镇化促进工业化的发展主要体现为集聚经济效应的发挥，集聚经济效应的发挥不仅包括要素集聚、创新集聚等，还包括基于空间关联的溢出效应的作用。此外，本书还分析了影响城镇化与工业化发展的外生动力机制，主要从政府导向、制度安排、贸易与外向开放度三个方面进行展开。

第二，阐述了城镇化与工业化互动发展的阶段性特征。在城镇化与工业化同步发展的假设条件下，讨论了不同的工业化阶段城镇化与工业化的发展呈现出不同的特征。并对工业化初期、中期、后期以及后工业化阶段的城镇化与工业化发展特征进行了概括和总结。

第三，对工业化后期城镇化与工业化的互动机理的分析。劳动力流动是城镇化和工业化发展过程的一个典型特征，也是城镇化与工业化理论机制的微观基础。模型较好地阐释了工业化后期资本劳动价格比下降，进而出现工业自动化智能化转型等经济现象，也进一步说明了我国工业化后期"刘易斯拐点"出现的经济影响、"两化"互动发展的空间关联效应等基本经济规律。进一步分析了工业化后期城镇化与工业化发展面临着动力机制转型，主要从生产要素、产业和技术创新三个层面进行了讨论。

第四章 我国工业化后期城镇化与工业化发展的特征事实及互动协同水平测度

本章基于第三章的理论框架,通过梳理中华人民共和国成立以来我国城镇化与工业化的发展历程及协同演进逻辑,总结发展规律及经验启示。运用定性与定量相结合的方法客观地分析我国城镇化与工业化发展的互动演进历程和特征。进一步明确工业化后期以来我国城镇化与工业化发展的特征事实、存在的主要问题以及未来的发展方向,为后文的实证分析以及城镇化与工业化良性互动机制的构建打下基础。

第一节 我国城镇化与工业化互动协同发展的历史演进

中华人民共和国成立以来,我国的城镇化与工业化发展历程大致经历了重工业优先发展的城镇化停滞阶段、城镇化长期滞后于工业化的弱城镇化阶段以及新型城镇化与新型工业化步入良性互动的高质量发展阶段。从时间阶段的划分来看,可以分为改革开放前计划经济时期、改革开放初期以及 21 世纪以来三个阶段。

一 改革开放前计划经济时期我国城镇化与工业化的发展

中华人民共和国成立之初,受到国际环境及主流发展经济学思想的影响,我国选择了重工业优先发展的战略。为了保障这一战略的实施,在资源极度匮乏的条件下国家采取了一系列不利于城镇化发展的政策,尤其是城乡分割的户籍制度限制了农村人口向城市流动,形成了"城乡二元结构"经济格局,阻碍了我国劳动力在城乡、地区之间的流动。背离比较优势原则重工业化超前发展的工业化模式，需要大规模的资金投入和资本积累，这主要依靠只面向劳动力分配制度和社会保障制度、低利率、低工资的政策以及工业品和农产品的"剪刀差"来实现（林毅夫、陈斌开，2013）。同时，劳动密集型的轻工业和第三产业得不到发展，社会创造的就业机会有限，在重工业快速推进的同时城镇化发展条件十分有限。这一时期的产业结构表现为工业比重不断上升，农业和服务业的比重不断下降，1952—1978年，第二产业比重从20.8%上升到47.7%，第一产业和第三产业的比重之和从79.2%下降到52.3%，其中第三产业的比重从28.7%下降为24.6%。城镇化率从1949年的10.64%缓慢增加到1978年的17.9%，平均每年增长0.24个百分点，城镇化与工业化严重分离。这期间工业化与城镇化的严重偏离原因还包括经历了政治事件的影响（魏后凯，2015）。1956—1960年工业化率由27.2%上升为44.4%，1966—1976年由于正常的经济发展秩序受到阻碍，工业化率仅从37.9%提高到45%，城镇化率几乎停滞不前，从17.8%下降到17.4%，出现了城镇化倒退的现象。可以看出，在计划经济条件下，完全由政府主导，缺乏市场机制发挥的城镇化与工业化发展模式，未形成两者的有效互动机制，城镇化与工业化发展呈现出低水平失调的状态。

二 改革开放初期我国城镇化与工业化的发展

改革开放以来我国经济发展战略和经济制度做出了重大调整，经济体制不断由计划经济向市场经济过渡，产业重心由优先发展重工业转向农业、轻工业与重工业全面发展。这一时期乡镇工业得到了蓬勃发展，不仅形成了城市工业化与乡镇工业化并存的二元工业化格局，也带动了农村劳动力的就业，拉动了经济发展。改革开放初期我国的城镇化是以就近城镇化为主，乡镇企业得到快速发展，农村劳动力转移就业"离土不离乡""进厂不进城"，这期间的城镇化导向实质上是以小城镇发展为主导，控制大城市规模，小城镇成为承接农民工转移就业的重要载体。在此之后，学术界围绕"小城镇导向"还是"大城市论"的讨论成为城镇化道路选择的重要议题（赵新平、周一星，2002）。从图4.1可以清晰地看出，1978年以来，我国的城镇化

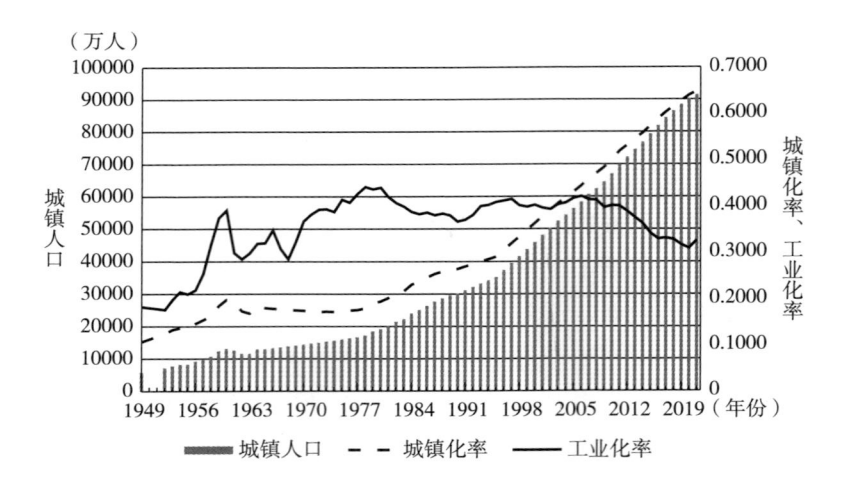

图 4.1　1949—2021 年我国城镇化与工业化率变化情况①

得到稳步发展，城镇化率从 1978 年的 17.9% 上升到 2000 年的 36.2%，工业化也逐步得到提升。从产业结构来看，1992 年以前经济体制转型前期，工业化持续推进的同时，第一产业和第三产业都得到了相应的发展，分别从 1978 年的 27.7%、24.6% 上升到 1984 年的 31.5%、25.5%，此后，随着工业化的发展，第一产业比重逐步下降，第三产业比重不断上升。直到 21 世纪之初这段时间，工业化一直是拉动经济增长的重要动力，第二产业占 GDP 比重均超过 40%，成为经济增长贡献的主要力量。在完成经济制度转轨的同时，其他相应的制度改革也在不断推进，经济体制不断向市场经济转型，户籍制度改革后城市和农村不再是绝对隔离的两个区域。相应的就业制度、土地制度、社会保障制度、投资信贷制度等一系列制度改革激发了市场活力，为城乡要素的流动创造了市场条件，城镇化发展有了稳健的经济基础。应该看到的是，虽然从改革开放到 21 世纪之初，我国城镇化和工业化有了巨大的发展，但城镇化与工业化仍处于失衡的状态，依据钱纳里"发展模型"不管是工业化率、城镇化

---

① 工业化率是指工业增加值与国内生产总值的比值，城镇化率没有特别说明为常住人口城镇化率，后文提到概念及计算方法与此相同。

率，还是城镇化水平与非农就业之间的关系，我国的城镇化依然滞后于工业化的发展（简新华、黄锟，2010）。基于上述分析，改革开放以来到 21 世纪之初这一阶段，我国工业化与城镇化的快速发展得益于经济发展和制度创新改革两种动力机制的发挥，这与本书第三章理论机制的分析是相符合的。

三 21 世纪及工业化后期以来我国城镇化与工业化的发展

党的十六大及十六届三中全会对"关于完善社会主义市场经济制度的战略"做出了重大改革，突出市场对资源配置的作用，放开了农村劳动力城镇就业的限制。我国城镇化与工业化不断趋于协调发展，两者的互动协同机制逐步形成，快速推进的城镇化拉动了工业化的发展，工业化对城镇化促进作用逐步明显。随之，城镇化的战略转向"大中小城市和小城镇协调发展"，实际上，由于中小城市对劳动力就业和产业发展的承载能力有限，这一阶段我国的城镇化发展表现为大城市偏向。与此同时，城镇化面临的区域差距过大、城市空间失衡、快速扩张的土地城镇化等问题逐步得到扭转。工业化方面，粗放型的增长方式导致环境恶化、资源枯竭等不可持续的现状也得到转变，党的十六大报告提出走"科技含量高、经济效益好、资源消耗低、环境污染少、人力资源得到充分利用"的新型工业化之路，并且强调信息化与工业化融合发展。自此以来，我国城镇化率从 2000 年的 36.2% 到 2011 年突破 50%，达到 51.3%，年均增长 1.37 个百分点，城镇化滞后工业化的问题得到一定程度上的缓解。三次产业结构，从 2000 年的 14.7%、45.5%、39.8% 发展为 2012 年的 9.1%、45.4%、45.5%，第三产业增加值首次超过第二产业，成为经济结构转变的历史性转折。2021 年，我国城镇化率已达到 64.72%，人均 GDP 为 80976 元，三次产业结构比例分别为 7.3%、39.4%、53.3%。[①]

随着我国进入工业化后期，特别是党的十八大以来，新型城镇化建设上升为国家现代化建设的历史任务，在新发展理念指引下，我国的经济发展方式从要素驱动转变为创新驱动，城镇化与工业化的发展

[①] 参见《中华人民共和国 2021 年国民经济和社会发展统计公报》。

进入高质量发展阶段。高质量的城镇化发展更加注重"人"的城镇化发展，开始从粗放型向集约型、从外延式向内涵式转变，正式进入高质量发展阶段，不断缩小两个城镇化率（人口城镇化率与户籍城镇化率）之间的差距，确立了"以城市群为主体构建大中小城市和小城镇协调发展"的新型城镇化格局。工业化、城镇化、信息化、农业现代化、绿色化（"五化协同"）的新型工业化之路逐步形成。

从区域发展特征来看，各省（市、自治区）因为资源禀赋、经济基础、空间区位等条件的不同而存在较强的异质性，横向比较的意义不大，但从全国四大区域比较来看，相同地理空间的发展水平具有明显的规律性。由于不同地区所处的经济发展阶段不同，城镇化与工业化发展水平也存在较大的差异，总体来看，城镇化和工业化发展水平呈现明显的地区差异，东部地区的城镇化平均水平明显高于东北地区和中西部地区。如表4.1所示，2007年，东部地区平均城镇化率已达到60.60%，进入城市化经济时代，而中部和西部地区城镇化率仅为40.27%和37.83%；2021年，东部地区城镇化率高于全国平均水平，达到73.86%，中部、西部和东北地区分别为60.75%、57.89%、67.29%。进入工业化后期以来，即2010年至2021年间，工业化率明显下降，呈现出去工业化的趋势，东部地区和东北地区工业化加速较早，东部地区在2008年平均水平达到42.44%，东北地区在2011年达到最高水平，为46.40%，中西部地区工业化率下降的时间节点较晚，但总体上我国进入工业化后期的特征明显。工业化后期阶段以来，从城镇化发展水平看，2010—2021年东部地区年均城镇化率增长1.25个百分点，东北地区年均增长1.51个百分点，中部地区年均增长2.88个百分点，西部地区年均增长3.09个百分点。可以得出相应的结论，进入新世纪以来，我国的经济发展从东部地区的高速工业化阶段转换到中西部地区高速城镇化阶段（Naughton，2007），城镇化与工业化的互动协同机制已经形成，城镇化成为工业化和现代化的重要动力，这和从海彬等（2017）的研究结论基本一致。

表 4.1　21世纪以来我国工业化率与城镇化率区域比较

年份	城镇化率（%）				工业化率（%）			
	东部	东北	中部	西部	东部	东北	中部	西部
2000	47.72	47.15	30.83	34.92	39.38	44.15	37.41	30.81
2001	48.69	47.47	31.44	35.88	37.69	43.28	38.52	28.86
2002	50.82	47.94	33.00	37.05	37.76	43.21	38.79	28.74
2003	51.86	48.25	34.22	34.28	39.49	44.31	38.60	29.78
2004	54.78	48.59	35.58	35.63	40.99	46.10	39.22	31.48
2005	58.98	54.77	37.58	35.66	42.08	43.31	39.39	33.07
2006	59.88	55.15	38.96	36.74	42.95	44.26	41.09	35.37
2007	60.60	55.42	40.27	37.83	42.55	44.83	41.93	36.35
2008	61.34	56.22	41.73	38.48	42.44	46.11	43.49	37.12
2009	62.48	56.39	43.03	39.61	39.85	42.94	42.95	36.50
2010	64.43	57.04	44.44	41.45	40.14	45.80	45.49	38.53
2011	65.19	57.98	46.28	42.81	39.89	46.40	47.00	39.16
2012	66.11	58.75	47.98	44.26	38.91	43.91	46.18	38.13
2013	66.92	59.35	49.26	45.43	37.82	42.48	45.23	36.99
2014	67.62	59.96	50.55	46.89	36.60	40.86	42.83	35.16
2015	68.38	60.49	51.96	48.25	34.67	36.55	39.55	32.24
2016	69.40	60.85	53.44	49.68	33.46	31.81	38.09	30.88
2017	70.22	61.18	54.92	51.11	32.74	30.89	38.30	28.94
2018	71.81	64.86	57.03	54.25	30.29	29.17	34.43	27.64
2019	72.55	65.82	58.45	55.64	29.11	28.52	33.79	26.96
2020	73.35	66.80	59.73	56.94	28.45	27.69	32.41	26.12
2021	73.86	67.29	60.75	57.89	29.84	29.15	34.30	28.43

注：东、中、西、东北部四大区域的划分参照常规的划分方法，其中东部地区包括北京、天津、河北、山东、上海、江苏、浙江、福建、广东、海南10省市；东北地区包括黑龙江、吉林、辽宁3个省；中部地区包括山西、河南、安徽、湖北、湖南、江西6个省；西部地区包括内蒙古、广西、陕西、甘肃、宁夏、青海、新疆、重庆、四川、贵州、云南、西藏12个地区。

资料来源：根据2001—2022年《中国统计年鉴》计算所得。

第二节 我国工业化后期城镇化与工业化发展的宏观经济环境与特征事实

城镇化与工业化发展具有显著的阶段性特征，宏观经济环境是重要影响因素，我国工业化后期阶段的城镇化与工业化发展进程中面临的主要问题有哪些？经济环境外生动力条件存在哪些不同于其他阶段的特征？这些问题的解析有利于对理论机制的分析和探索。本节主要从工业化后期的宏观经济环境特征、工业化与城镇化发展面临的问题及主要矛盾进行分析，为后文的实证研究打下基础。

一 城镇化与工业化发展的宏观经济环境

第一，我国产业结构不断升级，已进入服务业主导的阶段。基于前文的分析，产业结构转型升级是城镇化与工业化发展的重要动力机制，我国经济发展已从工业主导向现代服务业主导迈进，这将为城镇化与工业化的互动协同发展创造新的动力。服务业比重的上升是产业结构升级的重要标志，也是世界各国经济发展的基本规律。从2012年开始，我国服务业超过第二产业成为支撑经济发展的第一大产业，2021年，我国服务业增加值占GDP比重达53.3%。2010—2021年，我国服务业比重平均每年增加1.72个百分点，相对于2005—2010年，平均每年增加0.58个百分点，说明进入工业化后期以来我国服务业增长不断加速，经济服务化趋势明显。与此同时，服务业成为城镇化吸纳就业的重要产业领域，服务业就业占比从2010年的34.6%上升到2021年的48.0%，平均年增长3.03个百分点，服务业的发展成为创造就业的主要渠道。从对外贸易来看，服务贸易成为新的增长点，服务进出口贸易从2010年的3624亿美元增长到2021年的7735亿美元，增长了113.4%，年均增长7.14%，高于经济总量增长率。从服务业产业结构占比、就业吸纳、进出口服务贸易等多方面考察来看，服务业已成为拉动我国经济增长的重要动力，也将成为城镇化就业吸纳的主要渠道。此外，随着现代服务业的发展，服务业与工业制造业不断融合发展，形成了工业制造业发展的新路径。

第二，创新成为经济增长的重要动力源泉。基于前文对城镇化与工业化互动机制的分析，技术创新驱动是城镇化与工业化发展的重要驱动力量，城镇化为工业化聚集了创新要素，提供了创新的市场空间，工业化是技术创新的主阵地。进入工业化后期以来，土地、劳动力、资本等传统生产要素固然是城镇化、工业化以及经济增长的重要生产要素，但随着我国经济发展进入新常态，要素驱动的传统经济增长方式将难以为继，创新的作用和经济地位已十分凸显。从工业化阶段性规律来看，工业化后期生产要素的需求转变具有一定的必然性。在工业化前期阶段，产业发展主要以轻工业为主，轻工业属于劳动密集型产业，因此对劳动力的需求量较大，资本要素次之；进入工业化中期后，工业化的发展主要以资本密集型的重化工业为主，这一阶段对生产要素的主要需求是资本和劳动；工业化后期以来，随着资本和劳动的边际报酬递减，加上劳动力要素价格的上涨导致资本劳动收益比下降，资本在一定程度上会对劳动进行替代，这一阶段若再靠资本、劳动要素的大量投入来维持经济增长是难以为继的。我国的新型工业化发展是在新经济增长理论框架下发展的，强调技术进步以及创新的作用，经济增长需要依靠知识生产的规模报酬递增效应，这就需要发挥人才的知识创造以及创新功能，因此，工业化后期经济增长的主要驱动要素将以创新为引领。

第三，经济增长动力逐步向消费转变。从经济增长的"三驾马车"来看，工业化后期的增长空间将主要来自消费。其原因可从两个方面分析，一是随着人们收入水平的提高，个性化消费需求带来的市场逐步扩大，消费水平和结构也在不断升级，创造了巨大的内需空间；二是新型城镇化带来的消费增长点，据统计数据显示，城镇化率每增长1%，将带动3%左右的GDP增长。我国的城镇化率处在60%的水平，距离发达国家75%左右的标准还有较大的上升空间，因此城镇化通过创造消费内需成为经济增长的又一引擎。从投资的角度来看，消费水平的提高会带来储蓄率的降低，进而投资率也会下降，投资拉动的资本密集型产业在经济增长中的作用会弱化，进而强化了消费对经济增长的贡献。

二　工业化后期我国工业化与城镇化面临的矛盾与问题

（一）我国城镇化与工业化发展的不平衡不充分问题突出

长期以来我国城镇化与工业化互动不足，整体上城镇化滞后于工业化的发展，且城镇化率偏低，尽管这一趋势在不断缩小，但与发达国家还存在较大的差距，如美国、日本、欧洲国家平均城镇化率在80%以上，而我国2021年的城镇化率为64.72%，工业增加值占国内生产总值的比重（工业化率）为33.9%，城镇化率与工业化率的比值为1.76，比照发达国家这一比值均在2.0以上，我国仍低于世界平均水平。联合国数据显示，2018年，全球城镇化率北美地区达到82%，欧洲为74%，大洋洲为68%，亚洲为50%左右。我国城镇化滞后于工业化还表现为中小城市和小城镇的城镇化发展滞后，中小城市与小城镇基础设施薄弱，产业承载能力不足，无法满足工业化的发展需要（魏人民，2013）。从省级区域层面看，城镇化与工业化的发展表现出显著的不平衡，中西部地区和东部地区的差距较大，东部、中部、西部依次表现为逐级降低的梯度差距，从工业化率、城镇化率、三次产业占比、人均GDP等关键衡量指标均表现出一致的特征。如表4.2所示，北京、上海、天津等进入后工业化阶段，而大部分东部地区仍处于工业化后期阶段，西藏、新疆、甘肃等西部地区仍处于工业化中期阶段。从人均国内生产总值来看，地区之间的不平衡问题更为突出，东部地区的发展水平普遍高于中西部地区。

表4.2　　2021年不同省份工业化与城镇化发展状况

地区	工业化率（%）	城镇化率（%）	第一产业比重	第二产业比重	第三产业比重	人均GDP（万元）	所处工业化阶段
北京	14.14	87.48	0.28	18.05	81.67	18.40	后工业化阶段
天津	33.29	84.85	1.44	37.30	61.26	11.37	后工业化阶段
河北	34.90	61.14	9.98	40.51	49.51	5.42	工业化后期前半阶段

续表

地区	工业化率（%）	城镇化率（%）	第一产业比重	第二产业比重	第三产业比重	人均GDP（万元）	所处工业化阶段
山西	44.97	63.42	5.70	49.64	44.67	6.48	工业化中期后半阶段
内蒙古	38.57	68.21	10.85	45.70	43.46	8.54	工业化后期前半阶段
辽宁	33.86	72.81	8.92	39.43	51.65	6.50	工业化后期后半阶段
吉林	29.01	63.37	11.74	36.03	52.23	5.55	工业化后期前半阶段
黑龙江	24.59	65.70	23.27	26.72	50.01	4.73	工业化中期后半阶段
上海	24.85	89.31	0.23	26.49	73.27	17.36	后工业化阶段
江苏	38.36	73.94	4.06	44.49	51.45	13.70	后工业化阶段
浙江	36.75	72.66	3.00	42.42	54.57	11.30	后工业化阶段
安徽	30.45	59.40	7.82	41.00	51.18	7.03	工业化后期前半阶段
福建	36.44	69.69	5.94	46.85	47.22	11.69	工业化后期后半阶段
江西	36.37	61.46	7.88	44.51	47.61	6.56	工业化后期前半阶段
山东	32.79	63.94	7.26	39.94	52.81	8.17	工业化后期前半阶段
河南	31.90	56.45	9.54	41.32	49.14	5.94	工业化后期前半阶段
湖北	31.38	64.08	9.32	37.90	52.78	8.64	工业化后期前半阶段
湖南	30.75	59.71	9.38	39.35	51.26	6.94	工业化后期前半阶段
广东	36.30	74.63	4.02	40.38	55.60	9.83	后工业化阶段
广西	24.55	55.07	16.23	33.09	50.68	4.92	工业化中期后半阶段
海南	10.56	60.98	19.37	19.13	61.50	6.37	工业化中期前半阶段
重庆	28.28	70.33	6.89	40.10	53.01	8.69	工业化后期前半阶段
四川	28.65	57.82	10.51	36.96	52.53	6.43	工业化中期后半阶段
贵州	27.25	54.34	13.94	35.66	50.40	5.08	工业化中期前半阶段
云南	24.15	51.04	14.26	35.32	50.42	5.77	工业化中期前半阶段
西藏	9.13	36.61	7.89	36.41	55.71	5.68	工业化中期前半阶段
陕西	37.77	63.63	8.08	46.32	45.60	7.54	工业化后期前半阶段
甘肃	27.82	53.33	13.32	33.84	52.83	4.10	工业化中期前半阶段
青海	28.48	60.94	10.54	39.82	49.64	5.64	工业化中期后半阶段
宁夏	37.10	66.07	8.06	44.70	47.24	6.25	工业化中期后半阶段

续表

地区	工业化率（%）	城镇化率（%）	第一产业比重	第二产业比重	第三产业比重	人均GDP（万元）	所处工业化阶段
新疆	29.35	57.24	14.74	37.33	47.93	6.17	工业化中期前半阶段

资料来源：《中国城镇化进程报告（1995—2020）》，国家统计局官网。

（二）产业转型升级面临新的结构性问题

产业结构升级是促进城镇化和工业化互动协同发展的重要推动力，其一般的表现形式为第三产业比重上升，我国第三产业占比从2010年的44.2%上升到2021年的53.3%，总体仍低于发达国家的产业构成比，如美国第三产业超过80%，欧盟超过70%。我国仍未完成工业化，整体上仍处于工业化后期阶段，但第二产业的就业出现下降，从2010年的46.5%逐步下降到2021年的39.4%，表现出明显的去工业化趋势，我国整体收入水平仍处于中等收入水平，制造业大而不强，这个时间去工业化是过早的，黄群慧（2017）、魏后凯和王颂吉（2019）等对此表示了担忧，并认为过早去工业化存在一定的风险，表明我国产业结构面临着新的结构性问题。究其原因，主要是我国的工业化发展带动产业转型升级过程中，第二产业不能充分带动第三产业的发展。究其原因，一是工业制造业内部装备制造业发展不足，重工业内部装备制造业的发展滞后于耐用消费品工业，这与我国居民消费结构升级的需求结构是不相符的，而且事实表明我国大量的先进设备依靠进口。二是生产性服务业发展和自给水平不足，工业化后期，工业制造业呈现出与现代服务业融合发展的趋势，产业的边界模糊化，需要大量的高端生产性服务业支撑，相对来看，我国生产性服务业中金融服务业的比重较高，大量商务服务、科研技术服务需要进口，近年来我国的服务贸易逆差也证实了这一点。三是工业制造业存在资源错配的现象，从劳动力方面看，我国高等院校职业教育连年扩招，培养了大量工科人才，但仍有一部分未就业毕业生，而另一端制造业工厂招工难、高级技工人才缺乏现象十分普遍，其背后原因是劳动力资源的市场供需不匹配所致。从资本方面看，存在"脱实向虚"的问题，大量资本投入资本回报率高的虚拟经济当中，制造业融资难已成为不争的事实。

（三）城镇化、工业化与信息化的融合程度低，互动不足

信息化是城镇化和工业化进程中的重要驱动力量，党的十八大以来，我国提出了新型工业化、新型城镇化、信息化、农业现代化、绿色化"五化"协同发展的新理念，信息化与工业化的融合水平得到快速提升。统计数据显示，我国"两化"融合已步入稳定发展期，相对2017年，"两化"融合总指数增速超过8%，浙江、江苏、上海、广东等地处于我国第一梯队，信息化推动下的工业化发展已成为我国制造强国建设的重要方向。但总体来看，信息化与工业化、城镇化融合发展过程中仍存在以下问题：一是信息化与工业化深度融合程度不够，工业化带动信息化的效应较弱，工业信息系统水平有待提升，尤其是在工业4.0背景下，我国的工程研制系统、制造管理系统、智能制造系统等工业软件发展水平与发达国家还存在较大的差距，软件服务业与制造业融合程度不高，整个制造业研发设计、流程控制等全过程的集成应用不全。二是中小城市城镇化、工业化、信息化融合程度低，城镇化滞后于工业化和信息化的发展，在城镇规划、建设、管理、服务等方面信息化发展的配套基础设施建设滞后，另一方面，中小城市的集聚和辐射能力有限，导致中小城镇信息化人才缺乏、产业信息化程度低、消费成本高等问题较为普遍。三是新型工业化与城镇化领域关键技术的支撑不足，在工业发展的核心领域，我国自主创新能力不足，关键技术创新、核心零部件发明尚未形成系统性优势，对外依存度较高，制度管理体系方面，存在科技创新转化体系不完善、知识产权保护力度不够等问题。四是新一代信息技术的融合效应尚未得到有效发挥。随着新产业革命的加速推进，以人工智能、大数据、物联网为代表的新一代信息技术在城镇化与工业化进程中的效应尚未释放出来。在新一代信息技术的驱动下，我国的工业制造业正向智能化转型以及智慧城市的建设将是信息化发展的重要领域。

（四）资源约束矛盾突出，环境承载力不足

我国工业化与城镇化快速发展的同时，也造成了大量的资源消

耗，环境承载能力不断下降。工业化的发展必然会带来水、能源、矿产等资源消耗以及工业"三废"的排放，但资源的过度开发和粗放利用是制约城镇化与工业化高质量发展的重要因素。工业化后期，新型城镇化与新型工业化的发展必须要在人口、资源、环境协调发展的基础上实现可持续发展，提高能源利用效率及生态全要素能源生产率（李兰冰，2015；曾绍伦等，2018），以缓解我国当前资源环境承载力严重不足的问题。虽然我国将"绿色化"与城镇化、工业化、信息化与农业现代化同步起来，但城市经济、工业经济发展同资源环境之间的矛盾依然突出。从环境方面看，环境约束与工业发展以及绿色城镇化建设矛盾依然普遍，大气污染、淡水资源紧缺、固体废弃物围城现象严重。《2018中国生态环境状况公报》显示，2018年，我国338个地级以上城市只有121个空气质量达标，达标率为35.8%，重度污染1899天次，严重污染822天次，工业城市PM2.5、PM10等超标严重。在资源消耗方面，资源利用效率低下是掣肘工业化与城镇化高质量发展的重要因素，2017年单位GDP能耗是世界平均水平的2.5倍，单位GDP平均用水量是世界平均水平的3.3倍，单位GDP的土地利用水平也远远高于世界平均水平。从宏观体制机制方面考量，一方面没有将绿色GDP、产业生态化与生态产业化的发展导向落到实处，缺乏相应政绩考核机制；另一方面工业环保技术应用发展不足，在整个工业生产当中没有将污染预防与污染治理结合起来。因此，工业化后期必须要转变资源粗放利用的发展方式，将"绿色生态化、可持续发展"的理念贯彻到新型城镇化与新型工业化建设当中来。

第三节　我国工业化后期城镇化与工业化互动协同发展水平测度及演进特征

分析城镇化与工业化的互动协同机制，首先需要客观科学地把握现阶段城镇化与工业化的发展水平，单一指标很难科学地反映各自的特征。基于前文理论机制的分析，将城镇化与工业化视为两个相互影响、耦合协同的系统，本节采用综合指标构建"两化"互动协同发展的评价体系，对我国工业化后期以来城镇化与工业化的发展水平进行测度。

一 城镇化与工业化互动协同水平测度的模型构建

城镇化与工业化是比较复杂的经济系统，不同的学者对其两者的发展水平及协同关系的定量测度方法多样，有单一指标法也有综合指标方法。如城镇化率与工业化率是两个常见的指标反映城镇化与工业化的水平；林高榜（2007）创新性地提出，以建筑业产值和机械工业产值分别作为城镇化和工业化的代表性指标，并用 Granger 因果关系检验了两者的协同关系。此外，钱纳里标准值法（姜爱林，2004）、国际标准值法（景普秋、张富民，2004；孔凡文、许世卫，2006）是常见的测度城镇化与工业化互动协同关系的单一指标。尹虹潘（2019）按照工业化演进过程中工业在三次产业中的占比设计了一种新的单一指标（工业化率）测度地区工业化发展水平。曹飞（2014）通过 7 个方面共 41 个指标构建综合指数的方法测度了我国各地区城镇化发展质量，并应用 BP 神经网络的方法进行模拟仿真。郝华勇（2012）构建了我国新型工业化和新型城镇化内涵的评价指标体系，测度了两者的协调发展水平，并考察分析了我国城镇化与工业化的空间分异特征。齐红倩（2015）等从人口、经济、社会、资源与环境、基础设施和创新发展六个方面构建了城镇化发展的评价指标体系，并用因子分析的方法测度了我国城镇化的发展水平。陈衍泰等（2017）运用聚类分析、主成分分析等方法构建综合指数对新型经济体国家的工业化水平进行了测度和评价。鉴于城镇化与工业化的系统关联性特征，基于系统发展理论的"两化"协同系统的运行机理，许多学者在测度两者互动发展水平时选择了耦合协调度模型，如杜传忠和刘英基（2013）、高志刚和华淑名（2015）、谢晗进等（2019）等测度了我国整体上以及地区城镇化与工业化的发展水平，并对我国各地区城镇化与工业化协同发展水平进行了评价。

国内学者对城镇化与工业化的关系做了大量研究，从已有研究来看，城镇化与工业化协同发展水平的测度与评价研究方法主要有综合指数法、标准值法、回归检验法、耦合协调度法等，各方法的主要内容及优缺点比较如表 4.3 所示。

表 4.3　城镇化与工业化协同发展水平测度与评价方法

方法名称	内容步骤	优点	缺点
综合指数法	确定"两化"互动协同发展水平综合评价指标体系，将综合效益指标转化为同度量的个体指数，加权平均得到效益综合评价值	对不同性质的指标进行同度量转化，简单易行	权数判断的主观性较强，评价结果客观、科学性低
IU、NU 国际标准值法	(1) IU = 劳动力工业化率/城镇化率，NU = 劳动力非农化率/城镇化率，工业化与城镇化协调发展时，IU 比约为 0.5，NU 比约为 1.2；(2) 钱纳里国际标准法，依据国际经验形成了一套经济发展与结构转换的"标准结构"，便于进行对比	便于计算和操作，依据经验标准值能够直接地判断城镇化与工业化协调关系	指标简单，不能反映城镇化与工业化真实内涵
回归分析法	包括线性回归、典范相关分析、Granger 因果关系检验、VECM 模型等方法	便于从统计检验的角度考察两者的相关性及阶段性特征	指标不全面，难以从多角度刻画和反映两者的相互作用机制
耦合协调度法	将"两化"融合分为若干内部子系统，测度子系统发展水平；利用协调发展模型得到系统总体协调发展系数	从不同子系统多角度综合评价，更加全面、科学	子系统之间存在相互联系、制约、促进关系；协调发展模型形式不一

资料来源：笔者整理。

本书选择耦合协调度的计算方法综合比较各方法的优势和劣势，从系统论的观点来看，城镇化与工业化是两个相互促进、融合互动的子系统，测度两者的协同发展水平可借鉴物理学中的多个系统相互作用的耦合度模型。通过现有文献梳理来看，该模型在经济协同发展（刘双明，2007；逯进、周惠民，2013）、产业融合（杜传忠、杨志坤，2015；徐盈之、孙剑，2009；唐晓华等，2018；张虎、韩爱华，2019）、"四化"协调（金浩等，2018）等方面均有广泛应用。耦合协调度模型构建过程中，首先要评价子系统综合发展水平，设评价集

$X_{ij} = (i = 1, 2, \cdots, m; j = 1, 2, \cdots, n)$ 中元素 x_{ij} 为第 i 个子系统第 j 项评价指标。首先将评价序参量对应的原始数据标准化处理为：

$$x'_{ij} = \begin{cases} \dfrac{x_{ij} - \min(x_{ij})}{\max(x_{ij}) - \min(x_{ij})}, & \text{当 } x_{ij} \text{ 为正向指标时} \\ \dfrac{\max(x_{ij}) - x_{ij}}{\max(x_{ij}) - \min(x_{ij})}, & \text{当 } x_{ij} \text{ 为负向指标时} \end{cases}$$

利用标准化的数据计算第 i 样本第 j 项指标的序参量比重为：$y_{ij} = x'_{ij} / \sum_{i=1}^{m} x'_{ij}$，序参量 j 的信息熵为：$h_j = K \sum_{j=1}^{m} y_{ij} \ln y_{ij}$，其中 $K = 1/\ln m$。评价指标的信息效用的大小取决于该项指标的信息熵 h_j 与 1 之间差值的大小，取 $d_i = 1 - h_i$，差值 d_i 越大，评价的重要性就越大，权重也就越大，因而第 j 项指标的权重为：$w_i = d_i / \sum d_i$。经过子系统评价指标加权得到子系统的发展水平为：

$$u_i = \sum_1^j 100 \times x'_{ij} w_j$$

依据上式可计算出城镇化与工业化子系统的发展水平，则两个子系统的耦合度模型为：

$$C^t_{mn} = 2\sqrt{u^t_m \cdot u^t_n} / u^t_m \cdot u^t_n$$

其中，C^t_{mn} 为城镇化与工业化两个子系统在 t 年时的耦合度，u^t_m 和 u^t_n 分别表示城镇化与工业化在 t 年时的综合发展水平。为了避免两者在都处于较低水平时出现较高的耦合度的非客观的评价结果，需对以上模型进一步进行处理，构建耦合协调度模型如下：

$$D^t_{mn} = \sqrt{C^t_{mn} \cdot F^t_{mn}}, \quad F^t_{mn} = \alpha u^t_m + \beta u^t_n$$

其中，α、β 为待定系数，表示城镇化与工业化对系统耦合协调度的贡献程度，此处取 $\alpha = 0.5$、$\beta = 0.5$。

根据以上测度方法对 275 个地级市层面的城镇化与工业化子系统的发展水平进行测度，评价指标根据城镇化与工业化的内涵特征以及借鉴已有文献研究的基础上构建评价指标体系如表 4.4 所示。城镇化发展水平主要从城镇经济发展、城镇建设和城镇公共服务三个方面，工业化发展水平从工业化水平和结构、工业经济效益、科技与信息化水平、能耗与可持续发展四个方面，共 23 个指标对城镇化与工业化的互动协同发展水平进行测度评价。

表 4.4　城镇化与工业化耦合协调度模型评价指标体系构建

目标层	准则层	指标层	单位	指标属性	编号
新型城镇化子系统	城镇经济发展	城镇化率	%	正	M1
		城镇居民人均可支配收入	元	正	M2
		非农产业就业比重	%	正	M3
		城镇登记失业率	%	逆	M4
	城镇建设	城市建成区面积比率	%	正	M5
		人均公园绿地面积	平方米	正	M6
		商品房销售面积	万平方米	正	M7
	城镇公共服务	人均城市道路面积	平方米	正	M8
		人均公共汽车拥有量	辆/万人	正	M9
		每万人医卫人员数	人	正	M10
		万人医疗机构床位数	张	正	M11
		每百人公共图书馆藏书数量	册	正	M12
新型工业化子系统	工业化水平和结构	人均 GDP	元	正	N1
		工业就业比重	%	正	N2
		工业增加值占 GDP 比重（工业化率）	%	正	N3
	工业经济效益	规模以上工业企业总资产贡献率（ROA）	%	正	N4
		人均工业增加值	万元	正	N5
	科技与信息化水平	科技支出水平	%	正	N6
		万人专利申请授权数	件	正	N7
		邮政电信业务总量 GDP 占比（信息化水平）	%	正	N8
	能耗与可持续发展	一般工业固体废弃物综合利用率	%	正	N9
		万元工业产值废水排放量	吨/万元	逆	N10
		万元工业增加值 SO_2 排放量	吨/亿元	逆	N11

二　城镇化与工业化发展水平的测度及动态演进

（一）数据来源及处理

对于城镇化与工业化协同发展水平的测度，考虑综合指标的可行性和数据的可得性，本书选取了 2008—2020 年全国 275 个地级以上城市作为研究对象，这些城市分布于 30 个省（市、自治区），其中东部地区包含 87 个城市单元，中部地区包含 113 个城市单元，西部地区包含 75 个城市单元。由于数据的可获得性，不包含西藏及港澳台地区。数据来源于历年《中国城市统计年鉴》《中国区域经济统计年鉴》《中国科技统计年鉴》，以及各省（市、自治区）统计年鉴、EPS 数据平台、中国知网统计数据库、CNRDS（中国研究数据服务平台）等，个别城市变量缺失数据则由笔者根据插值法计算得到。

（二）我国城镇化发展水平测度及时空分异特征分析

依据上述对各地区城镇化与工业化发展水平的测度，对各年度的计算结果进行划分，分为 5 个等级，（0，0.2]为低水平阶段、（0.2，0.4]为较低水平阶段、（0.4，0.6]为中等水平阶段、（0.6，0.75]为较高水平、（0.75，1]为高水平发展阶段。根据熵值法计算结果，表 4.5 报告了全样本城市地区城镇化综合发展水平、工业化综合发展水平以及"两化"耦合协调度均值。对于各地级以上城市城镇化发展水平的测度，由于数据量大，选择全国省会城市、直辖市及自治区等 30 个城市和地区的城镇化发展水平的测度结果数据进行对比。

表 4.5　全样本城市范围城镇化、工业化发展水平及"两化"耦合协调度均值

年份	城镇化水平	工业化水平	"两化"耦合协调度	年份	城镇化水平	工业化水平	"两化"耦合协调度
2005	0.099	0.211	0.354	2013	0.416	0.502	0.668
2006	0.132	0.259	0.414	2014	0.489	0.526	0.707
2007	0.182	0.347	0.492	2015	0.580	0.600	0.763
2008	0.215	0.368	0.522	2016	0.633	0.582	0.775
2009	0.226	0.374	0.529	2017	0.692	0.585	0.793
2010	0.281	0.408	0.574	2018	0.696	0.589	0.795
2011	0.344	0.483	0.631	2019	0.763	0.599	0.818
2012	0.414	0.497	0.667	2020	0.831	0.610	0.839

表 4.6　全国 30 个省会城市地区城镇化发展水平测度结果

城市＼年份	2005	2006	2007	2008	2009	2010	2011	2012
北京	0.3587	0.2987	0.2584	0.2627	0.3255	0.4491	0.4325	0.4457
天津	0.0291	0.1370	0.1695	0.2298	0.2463	0.2626	0.3049	0.4280
石家庄	0.1276	0.2473	0.2715	0.2831	0.3551	0.3213	0.3882	0.4357
太原	0.0899	0.0764	0.0773	0.1333	0.1554	0.1503	0.3106	0.3967
呼和浩特	0.0660	0.1093	0.1382	0.2113	0.2239	0.3445	0.5203	0.5592
沈阳	0.0925	0.1956	0.1812	0.2209	0.2378	0.2488	0.2880	0.3435
长春	0.1796	0.0717	0.0949	0.1528	0.1901	0.2014	0.3929	0.4845
哈尔滨	0.0434	0.1018	0.1240	0.1574	0.1838	0.2422	0.2938	0.3730
上海	0.3988	0.4031	0.2916	0.2356	0.3788	0.3149	0.2637	0.3331
南京	0.0599	0.1498	0.2341	0.2019	0.2413	0.3108	0.3159	0.3999
杭州	0.0010	0.1028	0.1838	0.2155	0.2210	0.3521	0.3575	0.3967
合肥	0.0923	0.2574	0.3553	0.3036	0.3164	0.3234	0.3877	0.3350
福州	0.0712	0.1102	0.1668	0.2198	0.2189	0.2766	0.4166	0.4813
南昌	0.1061	0.1250	0.1294	0.1429	0.1837	0.1651	0.3551	0.5014
济南	0.0228	0.0980	0.1798	0.2383	0.2212	0.3169	0.3266	0.3386
郑州	0.0821	0.1737	0.2163	0.2511	0.2636	0.3449	0.1796	0.2703
武汉	0.0416	0.0679	0.0974	0.1873	0.1844	0.2778	0.3260	0.4469
长沙	0.0218	0.0847	0.2497	0.1858	0.2180	0.2981	0.4168	0.5253
广州	0.2148	0.1311	0.1645	0.1876	0.2288	0.1962	0.3041	0.3620
南宁	0.0098	0.0894	0.1937	0.2475	0.2215	0.3170	0.3896	0.4655
海口	0.1286	0.1706	0.2127	0.2423	0.2606	0.2987	0.3440	0.4803
重庆	0.1994	0.2437	0.2745	0.3041	0.3199	0.3278	0.4031	0.5099
成都	0.1194	0.1523	0.2400	0.2993	0.3007	0.4423	0.5058	0.5884
贵阳	0.1512	0.1280	0.1479	0.1307	0.2076	0.2303	0.3390	0.3028
昆明	0.1754	0.1624	0.2120	0.1699	0.2624	0.3425	0.3085	0.4305
西安	0.0269	0.1326	0.1904	0.2710	0.2473	0.3658	0.4043	0.6090
兰州	0.2286	0.3153	0.3051	0.3583	0.3558	0.3218	0.3900	0.4179

续表

年份\城市	2005	2006	2007	2008	2009	2010	2011	2012
西宁	0.0665	0.0918	0.1173	0.1370	0.1800	0.2372	0.2698	0.4395
银川	0.0822	0.3995	0.1742	0.1029	0.2521	0.2517	0.2856	0.3350
乌鲁木齐	0.1631	0.2968	0.2856	0.2320	0.3047	0.2961	0.2454	0.3493

年份\城市	2013	2014	2015	2016	2017	2018	2019	2020
北京	0.4781	0.5266	0.6704	0.6552	0.6728	0.7236	0.7178	0.7512
天津	0.4459	0.5457	0.6510	0.7406	0.8371	0.8247	0.8763	0.8982
石家庄	0.4475	0.5185	0.6254	0.6719	0.6883	0.7095	0.7684	0.8920
太原	0.4170	0.5436	0.6982	0.7457	0.8103	0.8204	0.9051	0.9068
呼和浩特	0.5737	0.6415	0.6504	0.6161	0.5719	0.6165	0.6616	0.7088
沈阳	0.3580	0.4424	0.5439	0.5491	0.5129	0.5876	0.7008	0.8834
长春	0.4862	0.5812	0.6725	0.6943	0.6957	0.7464	0.8493	0.8518
哈尔滨	0.3861	0.4916	0.6472	0.6395	0.7231	0.7306	0.8291	0.9315
上海	0.3436	0.4340	0.3869	0.3681	0.4339	0.4636	0.5888	0.5693
南京	0.4007	0.4863	0.6365	0.6926	0.8217	0.8155	0.9321	0.9118
杭州	0.4209	0.5085	0.5588	0.6472	0.7115	0.7367	0.8513	0.9255
合肥	0.3929	0.4560	0.3947	0.4888	0.5380	0.5370	0.5841	0.6777
福州	0.5162	0.6506	0.7386	0.7547	0.8326	0.8177	0.8658	0.9343
南昌	0.5036	0.6544	0.7351	0.7834	0.8003	0.8031	0.8257	0.9098
济南	0.3887	0.5010	0.6149	0.6840	0.8263	0.8087	0.9159	0.8918
郑州	0.2287	0.2361	0.4348	0.4918	0.7091	0.6644	0.7923	0.9529
武汉	0.4332	0.5267	0.6946	0.6982	0.8048	0.7979	0.8908	0.8223
长沙	0.4719	0.4736	0.5558	0.6622	0.7126	0.7493	0.8731	0.8352
广州	0.4219	0.5996	0.6564	0.6970	0.7348	0.7497	0.8172	0.8650
南宁	0.4433	0.4749	0.6053	0.7144	0.7340	0.7660	0.8495	0.9258
海口	0.4207	0.4378	0.4792	0.4725	0.7573	0.5930	0.5493	0.6440
重庆	0.4654	0.4833	0.5770	0.5625	0.6180	0.6458	0.7569	0.8477
成都	0.6097	0.7349	0.6903	0.7875	0.8038	0.7948	0.7932	0.8628
贵阳	0.3485	0.4038	0.5411	0.6244	0.8181	0.7641	0.8499	0.8452
昆明	0.4667	0.6611	0.5973	0.6757	0.6713	0.7217	0.8182	0.6939

续表

年份 城市	2013	2014	2015	2016	2017	2018	2019	2020
西安	0.5749	0.7113	0.7548	0.7920	0.8426	0.8473	0.9074	0.9678
兰州	0.4447	0.5262	0.3800	0.4353	0.5407	0.5866	0.7839	0.7702
西宁	0.4290	0.5778	0.4951	0.6471	0.7325	0.7297	0.8096	0.7466
银川	0.3283	0.3643	0.4424	0.4885	0.5602	0.5286	0.5371	0.5954
乌鲁木齐	0.3215	0.3699	0.4972	0.5547	0.6238	0.6234	0.6918	0.7021

从测度数据来看，2005—2020 年整体上我国的城镇化进程快速发展，无论在城镇化率、城镇化质量及综合发展水平等方面均有显著提升。历年城镇化与工业化发展水平均值数据以及典型省会城市数据直观地反映了我国各地区城镇化水平不断提升，2005 年，所有样本地区城镇化水平均在较低水平以下，计算所得城镇化水平值最大不超过0.4。2010 年，成都、呼和浩特、北京、上海、长沙、株洲、厦门、广州、佛山、兰州等 43 个城市为较高城镇化水平地区，这些城市主要集中在城市群核心地带或者省会城市，232 个城市为中低水平城镇化地区。到 2018 年，高水平城镇化地区达到 187 个，在京津冀、长三角、珠三角、成渝、长江中下游等城市群形成了耦合协调度高值集聚，数量和空间分布上呈现出较大变化。高水平城镇化地区城市在空间上呈现出集聚扩散特征，由原来核心城市向周围城市扩张蔓延，形成了以城市群为载体的高城镇化水平聚集区。全国主要城市的城镇化水平明显提升，核心城市带动周边城市城镇化发展趋势明显，这表明都市圈形态的城镇化发展格局正在形成。从不同地区差距来看，2005年、2010 年、2018 年三年城镇化水平的标准差分别为 0.0732、0.0891、0.1059，这表明不同城市之间的城镇化水平相对差距并不大，并不存在大量的空间极化现象，城镇化发展趋于均衡。此外，城镇化综合评价指标体系不仅包括数量型指标，也包括质量型指标，进入工业化后期，"质量型"城镇化转型背景下，反映城镇化发展的硬性指标绝对差距逐步缩小，而反映以"人"为核心的城镇化的软指标是城镇化质量提升的重要方向。

（三）我国工业化发展水平测度及时空分异特征分析

总体上，我国的工业化发展水平不断提升，且空间集聚特征明显。如表4.7所示，我国工业化发展平均水平地区差异逐渐缩小，2009年以前，我国东部地区的工业化水平明显高于中西部地区，至2020年，三大区域的平均工业化水平为0.61左右，进入较高工业化水平阶段。从空间来看，2005—2010年左右，我国的工业化水平处于中低水平，除了大庆、佳木斯、克拉玛依、石家庄、邯郸、哈尔滨、上海等几个工业基础较好的城市处于工业化较高水平，其余大部分地区处于中低水平工业化阶段。到2020年，整体工业化水平快速提升的同时，形成了几大较高工业化水平集聚城市，这些城市主要分布在长三角、珠三角，以及长江中下游城市群地带。而东北老工业基地的城市工业化水平呈下降趋势，这也客观说明了近年来东北经济"沉陷"的原因。同样，选择30个典型省会城市的工业化发展水平的测度数据进行比较，如表4.8所示。

表4.7　我国工业化发展水平测度结果地区比较

年份	东部	中部	西部	全国	年份	东部	中部	西部	全国
2005	0.236	0.208	0.188	0.211	2013	0.496	0.538	0.455	0.502
2006	0.287	0.254	0.235	0.259	2014	0.510	0.567	0.481	0.526
2007	0.383	0.338	0.317	0.347	2015	0.598	0.635	0.550	0.600
2008	0.392	0.370	0.338	0.368	2016	0.590	0.593	0.556	0.582
2009	0.403	0.374	0.342	0.374	2017	0.596	0.603	0.560	0.589
2010	0.434	0.413	0.370	0.408	2018	0.599	0.580	0.575	0.585
2011	0.493	0.510	0.433	0.483	2019	0.615	0.589	0.595	0.599
2012	0.485	0.536	0.451	0.497	2020	0.616	0.611	0.601	0.610

表4.8　全国30个省会城市地区工业化发展水平测度结果

年份 城市	2005	2006	2007	2008	2009	2010	2011	2012
北京	0.2656	0.3966	0.4669	0.4094	0.4516	0.4694	0.5449	0.4129
天津	0.1959	0.2729	0.3738	0.3883	0.3731	0.3846	0.4783	0.6100

续表

年份 城市	2005	2006	2007	2008	2009	2010	2011	2012
石家庄	0.3659	0.2661	0.4279	0.3625	0.4107	0.3810	0.4272	0.4345
太原	0.2853	0.3209	0.4565	0.5002	0.4514	0.4443	0.5552	0.5774
呼和浩特	0.2148	0.2749	0.3175	0.4764	0.3899	0.4158	0.3862	0.6053
沈阳	0.2745	0.2525	0.3362	0.4173	0.3982	0.4603	0.5532	0.5580
长春	0.2879	0.2348	0.3124	0.3010	0.3439	0.3332	0.4117	0.5019
哈尔滨	0.3532	0.3280	0.4885	0.4779	0.4737	0.4711	0.5376	0.5356
上海	0.3810	0.4068	0.3965	0.5658	0.5199	0.5994	0.6934	0.5448
南京	0.1963	0.2700	0.3357	0.3374	0.3621	0.4211	0.4545	0.5358
杭州	0.2225	0.3103	0.4147	0.4772	0.4345	0.4979	0.5924	0.5982
合肥	0.2202	0.2564	0.2007	0.2631	0.3355	0.4873	0.5040	0.5314
福州	0.1853	0.2402	0.3208	0.3828	0.3381	0.3114	0.5816	0.5542
南昌	0.1121	0.1308	0.2106	0.2519	0.2645	0.3671	0.3431	0.5182
济南	0.3361	0.3716	0.5102	0.4877	0.4955	0.5219	0.6199	0.5370
郑州	0.1461	0.1767	0.2830	0.3520	0.3314	0.4492	0.5231	0.5070
武汉	0.2494	0.1932	0.2881	0.3005	0.3275	0.3562	0.4455	0.4928
长沙	0.1113	0.2952	0.4728	0.4319	0.4108	0.4928	0.5317	0.5800
广州	0.1715	0.1725	0.2885	0.2594	0.3550	0.6329	0.2619	0.2638
南宁	0.0647	0.1001	0.2421	0.2733	0.2487	0.3132	0.4686	0.5461
海口	0.2477	0.3187	0.4900	0.4945	0.5095	0.7468	0.5602	0.3037
重庆	0.3289	0.3279	0.3058	0.3416	0.3784	0.3378	0.4419	0.4794
成都	0.1106	0.1987	0.2711	0.3225	0.3738	0.7163	0.5585	0.4107
贵阳	0.3599	0.3110	0.3558	0.3484	0.3933	0.3413	0.3277	0.4105
昆明	0.2227	0.3338	0.3758	0.2789	0.4039	0.5582	0.4896	0.3948
西安	0.2843	0.1760	0.2294	0.3050	0.3540	0.5253	0.3293	0.3141
兰州	0.2276	0.2851	0.4309	0.3484	0.3964	0.4401	0.5305	0.5058
西宁	0.1389	0.1945	0.4312	0.4618	0.3988	0.5176	0.5139	0.4868
银川	0.2882	0.2780	0.3416	0.2649	0.3743	0.4490	0.4787	0.4871
乌鲁木齐	0.3262	0.3112	0.3369	0.3955	0.4115	0.4376	0.5467	0.5819

续表

年份 城市	2013	2014	2015	2016	2017	2018	2019	2020
北京	0.4840	0.4942	0.6265	0.6154	0.5943	0.6167	0.6403	0.5813
天津	0.5880	0.6757	0.7335	0.6163	0.6236	0.6302	0.6506	0.6145
石家庄	0.4552	0.5039	0.5646	0.5010	0.4897	0.5180	0.5634	0.5519
太原	0.6063	0.6864	0.6715	0.5653	0.5154	0.5172	0.4710	0.5525
呼和浩特	0.4312	0.3021	0.3011	0.2520	0.2738	0.2922	0.3508	0.2998
沈阳	0.5691	0.5960	0.7136	0.6464	0.6326	0.5990	0.5180	0.5128
长春	0.4793	0.5244	0.6622	0.6612	0.6130	0.6617	0.7109	0.6575
哈尔滨	0.5425	0.5543	0.6292	0.5655	0.6071	0.5926	0.6053	0.5847
上海	0.5978	0.5551	0.5833	0.5042	0.4301	0.4642	0.4583	0.4586
南京	0.5238	0.5811	0.7537	0.7124	0.6886	0.6746	0.6229	0.7019
杭州	0.6024	0.6166	0.7128	0.7368	0.7742	0.7671	0.7904	0.8004
合肥	0.4982	0.4592	0.5753	0.5606	0.5723	0.5940	0.6490	0.6359
福州	0.5794	0.6023	0.6877	0.7173	0.7207	0.7280	0.7459	0.8104
南昌	0.4562	0.5073	0.5604	0.6110	0.6460	0.6449	0.6778	0.8502
济南	0.5823	0.5901	0.6001	0.6040	0.6280	0.6318	0.6635	0.5958
郑州	0.5354	0.5761	0.6038	0.5961	0.6506	0.6002	0.5540	0.5988
武汉	0.4829	0.5103	0.5762	0.6341	0.6312	0.6400	0.6548	0.7268
长沙	0.5567	0.5585	0.5835	0.5694	0.5739	0.5649	0.5514	0.5593
广州	0.2679	0.2780	0.3579	0.3127	0.3338	0.3406	0.3752	0.3847
南宁	0.5381	0.5997	0.6920	0.7786	0.8563	0.8250	0.8402	0.7874
海口	0.3925	0.3136	0.3975	0.3538	0.3432	0.3599	0.3826	0.3575
重庆	0.4501	0.4290	0.4812	0.4809	0.5351	0.5373	0.5958	0.5393
成都	0.4729	0.4494	0.4540	0.4484	0.4601	0.4370	0.4026	0.4417
贵阳	0.3971	0.4530	0.5456	0.4772	0.5373	0.5146	0.5294	0.5095
昆明	0.4409	0.4382	0.4698	0.3594	0.3833	0.3739	0.3789	0.4265
西安	0.3237	0.3277	0.3625	0.3391	0.3630	0.3654	0.3941	0.3721
兰州	0.5326	0.5614	0.6153	0.5701	0.5911	0.5962	0.6274	0.7326
西宁	0.5188	0.5558	0.5418	0.5586	0.5901	0.5920	0.6274	0.6185
银川	0.4833	0.4840	0.5911	0.5142	0.5397	0.5607	0.6282	0.6976
乌鲁木齐	0.5728	0.5898	0.6495	0.5856	0.5936	0.5656	0.5175	0.6336

三 工业化后期城镇化与工业化互动协同发展水平测算及时空分异特征

运用耦合协调度模型,测算出 2005—2020 年所有样本区域城镇化与工业化互动协调发展水平。为进一步细化分析东中西部各地区城市城镇化与工业化协调发展特征和时空演进规律,保持计算结果分类对比的科学性和可比性,参照唐晓华等(2018)、周亮等(2019)的方法,本书将城镇化与工业化耦合协调度的计算结果制定划分标准如表 4.9 所示,分为 3 个大类、10 个子类型,并展示 275 个城市在 2005 年、2010 年、2018 年三个年度的城市详细分类结果。

表 4.9　城镇化与工业化耦合协调度城市分型特征

类别	数值区间	子类区间	耦合协同类型
不协调区间	(0, 0.4]	(0, 0.1]	极度失调衰退型
		(0.1, 0.2]	重度不协调发展型
		(0.2, 0.3]	中度不协调发展型
		(0.3, 0.4]	轻度不协调发展型
过渡区间	(0.4, 0.6]	(0.4, 0.5]	濒临失调发展型
		(0.5, 0.6]	基本不协调发展型
可接受协调发展区间	(0.6, 1]	(0.6, 0.7]	初级协调发展型
		(0.7, 0.8]	中级协调发展型
		(0.8, 0.9]	良好协调发展型
		(0.9, 1]	优质协调发展型

2005—2020 年,我国的城镇化与工业化协同发展水平发生了巨大的变化,耦合协调度明显提升,东部、中部、西部地区呈现出明显的差异。依据城镇化与工业化耦合协调度的划分标准,如表 4.10 所示,2005 年只有 15 个城市处于可接受区间,位于过渡区间的有 66 个,不协调区间城市有 194 个,占 70.55%。可见,2005 年前我国大部分地区的城镇化与工业化发展耦合协调度较低,并未达到良性互动机制的实现。这一时期我国大部分地区城镇化与工业化协调发展水平较低主要归因于城镇化与工业化相互分离的发展路径,城镇化长期落后于工

业化发展，阻碍了工业化的发展。一方面，土地城镇化要快于人口城镇化，城市投资拉动的房地产化趋势明显，开发区"开而不发"，工业园区"圈而不建"等现象突出；另一方面，工业化发展动力不足对城镇化反馈作用弱，工业创新不足，工业实体经济的投资回报率低，产城分离等问题普遍存在。

表 4.10　　2005 年城镇化与工业化耦合协调度城市分布特征

地区	可接受区间 D>0.6	过渡区间 0.4<D≤0.6	不协调区间 0<D≤0.4
东部	上海市、北京市、厦门市、广州市、深圳市、珠海市、东莞市（7个）	海口市、三亚市、石家庄市、邯郸市、承德市、衡水市、无锡市、常州市、扬州市、淄博市、枣庄市、临沂市、泰安市、聊城市、滨州市、东营市、莱芜市、湖州市、金华市、宁波市（20个）	福州市、三明市、南平市、宁德市、莆田市、泉州市、漳州市、龙岩市、汕头市、佛山市、韶关市、河源市、梅州市、惠州市、汕尾市、中山市、江门市、阳江市、湛江市、茂名市、肇庆市、清远市、潮州市、揭阳市、云浮市、唐山市、张家口市、保定市、沧州市、秦皇岛市、邢台市、廊坊市、南京市、徐州市、苏州市、南通市、连云港市、淮安市、盐城市、镇江市、泰州市、宿迁市、青岛市、济南市、烟台市、潍坊市、济宁市、菏泽市、德州市、威海市、日照市、天津市、杭州市、嘉兴市、舟山市、绍兴市、温州市、台州市、丽水市、衢州市（60个）
中部	鞍山市、辽源市、太原市、合肥市、辽阳市（5个）	淮南市、铜陵市、马鞍山市、芜湖市、洛阳市、平顶山市、安阳市、濮阳市、焦作市、三门峡市、南阳市、佳木斯市、鸡西市、鹤岗市、双鸭山市、七台河市、伊春市、绥化市、长春市、白城市、景德镇市、萍乡市、本溪市、阳泉市、晋城市、朔州市、临汾市、运城市（28个）	宣城市、宿州市、滁州市、池州市、阜阳市、六安市、蚌埠市、淮北市、安庆市、黄山市、亳州市、郑州市、开封市、新乡市、鹤壁市、许昌市、漯河市、商丘市、信阳市、周口市、驻马店市、哈尔滨市、齐齐哈尔市、牡丹江市、黑河市、大庆市、武汉市、黄石市、十堰市、荆州市、宜昌市、襄阳市、鄂州市、荆门市、孝感市、黄冈市、咸宁市、随州市、长沙市、株洲市、湘潭市、衡阳市、邵阳市、岳阳市、常德市、张家界市、益阳市、永州市、郴州市、娄底市、怀化市、吉林市、四平市、通化市、松原市、南昌市、九江市、新余市、鹰潭市、赣州市、宜春市、上饶市、吉安市、抚州市、沈阳市、大连市、抚顺市、丹东市、锦州市、营口市、阜新市、铁岭市、朝阳市、盘锦市、葫芦岛市、大同市、长治市、忻州市、晋中市、吕梁市（80个）

续表

地区	可接受区间 D>0.6	过渡区间 0.4<D≤0.6	不协调区间 0<D≤0.4
西部	兰州市、重庆市、克拉玛依市（3个）	酒泉市、平凉市、贵港市、贺州市、百色市、贵阳市、安顺市、乌兰察布市、包头市、铜川市、宝鸡市、攀枝花市、乐山市、乌鲁木齐市、昆明市、昭通市、玉溪市、保山市（18个）	天水市、张掖市、武威市、庆阳市、南宁市、柳州市、桂林市、梧州市、北海市、防城港市、钦州市、玉林市、河池市、来宾市、崇左市、六盘水市、遵义市、呼伦贝尔市、通辽市、巴彦淖尔市、呼和浩特市、乌海市、赤峰市、银川市、石嘴山市、吴忠市、固原市、西宁市、西安市、咸阳市、渭南市、汉中市、安康市、商洛市、延安市、榆林市、成都市、自贡市、泸州市、德阳市、绵阳市、广元市、遂宁市、内江市、南充市、宜宾市、广安市、达州市、资阳市、眉山市、巴中市、雅安市、曲靖市、丽江市（54个）

资料来源：依据耦合协调度模型计算整理，排名不分先后。

随着我国城镇化与工业化进入中后期发展阶段以来，两者的协调发展水平也进一步提升，2010年，全国各个地区的城镇化与工业化耦合协调度没有处于不协调区间的样本，即耦合协调度无小于0.4的城市。东部地区样本（共87个城市）中可接受协调区间城市样本占77.01%，过渡区间占比22.99%；中部地区（共113个城市）可接受协调区间样本占比77.88%，过渡区间为22.12%；西部地区（共75个城市）可接受协调区间样本占比53.33%，过渡区间为44.67%。

表4.11　　2010年城镇化与工业化耦合协调度城市分布特征

地区	可接受协调区间 D>0.6	过渡区间 0.4<D≤0.6	不协调区间 0<D≤0.4
东部	北京市、福州市、三明市、泉州市、漳州市、龙岩市、厦门市、深圳市、珠海市、汕头市、韶关市、河源市、惠州市、东莞市、中山市、江门市、湛江市、清远市、海口市、石家庄市、唐山市、邯郸市、张家口市、保定市、沧州市、秦皇岛市、邢台市、廊坊市、承德市、衡水市、南京市、无锡市、徐州市、常州市、苏州市、南通市、连云港市、扬州市、镇江市、泰州市、宿迁市、青岛市、济南市、	南平市、宁德市、莆田市、广州市、佛山市、梅州市、汕尾市、阳江市、茂名市、肇庆市、潮州市、揭阳市、云浮市、三亚市、淮安市、盐城市、淄博市、潍坊市、济宁市、东营市	无

续表

地区	可接受协调区间 D>0.6	过渡区间 0.4<D≤0.6	不协调区间 0<D≤0.4
东部	枣庄市、烟台市、临沂市、泰安市、聊城市、菏泽市、德州市、滨州市、威海市、日照市、莱芜市、上海市、天津市、杭州市、嘉兴市、湖州市、舟山市、金华市、绍兴市、温州市、台州市、丽水市、衢州市、宁波市		无
中部	宣城市、池州市、阜阳市、六安市、合肥市、淮南市、铜陵市、马鞍山市、淮北市、芜湖市、黄山市、安阳市、濮阳市、新乡市、焦作市、鹤壁市、许昌市、漯河市、三门峡市、南阳市、信阳市、驻马店市、哈尔滨市、齐齐哈尔市、牡丹江市、佳木斯市、鸡西市、鹤岗市、七台河市、黑河市、伊春市、大庆市、绥化市、武汉市、黄石市、十堰市、荆州市、襄阳市、鄂州市、荆门市、孝感市、黄冈市、咸宁市、随州市、长沙市、株洲市、湘潭市、衡阳市、邵阳市、岳阳市、常德市、益阳市、郴州市、娄底市、怀化市、长春市、四平市、松原市、景德镇市、萍乡市、九江市、新余市、宜春市、沈阳市、大连市、鞍山市、抚顺市、本溪市、丹东市、锦州市、营口市、阜新市、辽阳市、铁岭市、朝阳市、盘锦市、葫芦岛市、太原市、大同市、阳泉市、长治市、晋城市、朔州市、忻州市、晋中市、吕梁市、临汾市、运城市	宿州市、滁州市、蚌埠市、安庆市、亳州市、郑州市、开封市、洛阳市、平顶山市、商丘市、周口市、双鸭山市、宜昌市、张家界市、永州市、吉林市、辽源市、通化市、白城市、南昌市、鹰潭市、赣州市、上饶市、吉安市、抚州市	无

续表

地区	可接受协调区间 D>0.6	过渡区间 0.4<D≤0.6	不协调区间 0<D≤0.4
西部	兰州市、酒泉市、庆阳市、南宁市、柳州市、桂林市、玉林市、来宾市、崇左市、通辽市、乌兰察布市、巴彦淖尔市、呼和浩特市、包头市、乌海市、赤峰市、银川市、石嘴山市、西宁市、西安市、铜川市、渭南市、汉中市、榆林市、成都市、自贡市、攀枝花市、泸州市、绵阳市、广元市、内江市、乐山市、宜宾市、广安市、达州市、乌鲁木齐市、昆明市、曲靖市、玉溪市、重庆市	天水市、张掖市、武威市、平凉市、梧州市、北海市、防城港市、钦州市、贵港市、贺州市、百色市、河池市、贵阳市、六盘水市、遵义市、安顺市、呼伦贝尔市、吴忠市、固原市、宝鸡市、咸阳市、安康市、商洛市、延安市、德阳市、遂宁市、南充市、资阳市、眉山市、巴中市、雅安市、克拉玛依市、昭通市、保山市、丽江市	无

资料来源：依据耦合协调度模型计算整理，排名不分先后。

2010—2020 年，我国城镇化、工业化进程取得了显著的成效，2018 年，东部、中部、西部共 275 个地市级城市的城镇化与工业化耦合协调度全部进入可接受区间，其中东部地区良好以上协调发展水平占 83.91%，中部地区占 68.14%，西部地区占 74.6%，如表 4.12 所示。这一时期我国城镇化与工业化耦合协调度显著提升的原因有以下几个方面：一是我国整体上已经进入工业化后期阶段，全球化市场背景驱动下，我国完备的工业生产体系功能得到充分发挥，工业生产效率大幅度提升，"中国制造"创造了巨大的国际市场空间，加速了工业进程。二是城镇化也进入中后期发展阶段，进入城市化时代，全国城镇化率已接近 60%，城镇化水平也在不断提升。三是随着我国经济发展水平的提高，基础设施投资不断加大，要素的流动性不断增强，城镇化和工业化作为我国经济发展的"双引擎"，两者互动协同关系更为密切，城镇化的集聚效应不仅能够带动要素和产业集聚，也为工业化提供了国内市场需求，工业化所带动的产业升级效应反向促进城镇化的发展。

表 4.12　　2018 年城镇化与工业化耦合协调度城市划分

地区	可接受协调发展区间 D>0.6		
	初级协调水平 0.6<D≤0.7	中级协调水平 0.7<D≤0.8	良好协调水平 0.8<D≤0.1
东部	海口市	北京市、邯郸市、上海市、舟山市、淄博市、潍坊市、东营市、广州市、韶关市、中山市、云浮市、三亚市、深圳市	福州市、三明市、南平市、宁德市、莆田市、泉州市、漳州市、龙岩市、厦门市、珠海市、汕头市、佛山市、河源市、梅州市、惠州市、汕尾市、东莞市、江门市、阳江市、湛江市、茂名市、肇庆市、清远市、潮州市、揭阳市、石家庄市、唐山市、张家口市、保定市、沧州市、秦皇岛市、邢台市、廊坊市、承德市、衡水市、南京市、无锡市、徐州市、常州市、苏州市、南通市、连云港市、淮安市、盐城市、扬州市、镇江市、泰州市、宿迁市、青岛市、济南市、枣庄市、烟台市、济宁市、临沂市、泰安市、聊城市、菏泽市、德州市、滨州市、威海市、日照市、莱芜市、天津市、杭州市、嘉兴市、湖州市、金华市、绍兴市、温州市、台州市、丽水市、衢州市、宁波市
中部	鹤岗市、双鸭山市、伊春市、大庆市	淮南市、铜陵市、芜湖市、平顶山市、三门峡市、南阳市、齐齐哈尔市、佳木斯市、鸡西市、黑河市、绥化市、娄底市、吉林市、四平市、辽源市、通化市、大连市、本溪市、丹东市、锦州市、营口市、阜新市、辽阳市、铁岭市、朝阳市、盘锦市、阳泉市、晋城市、朔州市、忻州市、晋中市、临汾市	宣城市、宿州市、滁州市、池州市、阜阳市、六安市、合肥市、蚌埠市、马鞍山市、淮北市、安庆市、黄山市、亳州市、郑州市、开封市、洛阳市、安阳市、濮阳市、新乡市、焦作市、鹤壁市、许昌市、漯河市、商丘市、信阳市、周口市、驻马店市、哈尔滨市、牡丹江市、七台河市、武汉市、黄石市、十堰市、荆州市、宜昌市、襄阳市、鄂州市、荆门市、孝感市、黄冈市、咸宁市、随州市、长沙市、株洲市、湘潭市、衡阳市、邵阳市、岳阳市、常德市、张家界市、益阳市、永州市、郴州市、怀化市、长春市、白城市、松原市、南昌市、景德镇市、萍乡市、九江市、新余市、鹰潭市、赣州市、宜春市、上饶市、吉安市、抚州市、沈阳市、鞍山市、抚顺市、葫芦岛市、太原市、大同市、长治市、吕梁市、运城市

续表

地区	可接受协调发展区间 D>0.6		
	初级协调水平 0.6<D≤0.7	中级协调水平 0.7<D≤0.8	良好协调水平 0.8<D≤0.1
西部	呼和浩特市	张掖市、武威市、平凉市、钦州市、百色市、来宾市、遵义市、呼伦贝尔市、巴彦淖尔市、包头市、赤峰市、西安市、榆林市、成都市、乐山市、宜宾市、雅安市、昆明市	兰州市、天水市、酒泉市、庆阳市、南宁市、柳州市、桂林市、梧州市、北海市、防城港市、贵港市、玉林市、贺州市、河池市、崇左市、贵阳市、六盘水市、安顺市、通辽市、乌兰察布市、乌海市、银川市、石嘴山市、吴忠市、固原市、西宁市、铜川市、宝鸡市、咸阳市、渭南市、汉中市、安康市、商洛市、延安市、自贡市、攀枝花市、泸州市、德阳市、绵阳市、广元市、遂宁市、内江市、南充市、广安市、达州市、资阳市、眉山市、巴中市、乌鲁木齐市、克拉玛依市、昭通市、曲靖市、玉溪市、保山市、丽江市、重庆市

资料来源：依据耦合协调度模型计算整理，排名不分先后。

本书还利用探索性空间数据分析方法（ESDA），基于空间自相关模型，局部空间自相关指数能够测度经济变量的空间关联程度和集聚特征。为了进一步分析工业化后期我国城镇化与工业化时空格局特征，本书基于 2010 年和 2020 年城镇化与工业化耦合协调度，借助 ArcGis 软件，计算了全样本地区城市"两化"耦合协调度局部空间关联指数，进一步可得到 LISA 集聚图。结果发现，城镇化与工业化耦合协调度 H—H 型、L—L 型集聚特征明显，H—H 型集聚耦合协调度高的城市周围地区的城镇化与工业化耦合协调度也较高，同样 L—L 型表示耦合协调度低的城市周围的城市"两化"耦合协调度也较低。H—H 型集聚主要以城市群为载体的核心城市集聚区，主要分布在长三角城市群、珠三角城市群、哈尔滨—长春城市群、成渝城市群、长江中游城市群等核心城市周围，共 64 个城市。L—L 型集聚区主要集中在黑龙江与内蒙古交界、山西与河北交界、湖北北部以及云贵滇一带，共 57 个城市。可以推断，城市群是城镇化和工业化互动协同发展的重要空间载体，核心城市带动下集聚经济效应对城镇化和工业化的协调发展起到显著促进作用。城市间经济联系密切，要素流动、报酬转移以及技术扩散等溢出效应作用明显,可以带动周边城市城镇化与工业化不断协调发展。此外,从空间动态演进趋势来看,东部、中部、西部以及东北地区城镇化与工业化的耦合协调度差距在不断缩小。需要指出的是,少数高水平城市所在地区其辐射作用不强,未能给周边城市发展带来明显的推动作用,使得低耦合协同水平城市形成集聚。

第四节　本章小结

本章基于对我国城镇化与工业化发展现状及特征事实的全面梳理,从定性和定量的角度对工业化后期以来我国"两化"互动协同发展水平进行了考察。具体研究内容包括以下几个方面:第一,从改革开放前、改革开放初期以及21世纪工业化后期以来三个阶段分析了城镇化与工业化互动协同发展的演进历程,改革开放前由于我国的计划经济体制、城乡二元经济结构以及重工业优先发展战略等因素的影响,城镇化与工业化本身的发展水平较低,两者之间尚未形成有效的互动机制。改革开放后至21世纪之初,我国的工业化快速发展,城镇化与工业化发展失衡,表现为城镇化滞后于工业化。进入21世纪,尤其是我国进入工业化后期阶段以来,我国确立了新型城镇化与新型工业化的发展战略,城镇化与工业化进程逐步从失衡走向协调发展。

第二,对工业化后期我国"两化"互动协同发展的现状及特征事实进行了分析,首先分析了工业化后期城镇化与工业化面临的宏观经济环境,进一步对我国工业化与城镇化互动协同发展存在的矛盾与问题进行了阐释,工业化后期我国城镇化与工业化发展依然面临着不平衡不充分的问题,东部地区明显要快于中西部地区,我国的"两化"发展特征明显地从东部地区快速工业化切换到中西部地区快速城镇化阶段,一些中小城市和小城镇的城镇化发展滞后,中小城市与小城镇基础设施薄弱,产业承载能力不足,无法满足工业化的发展需要;产业转型升级动力机制方面,我国的产业结构面临新的结构性问题;城镇化、工业化与信息化的融合程度低，互动不足；同时，我国的"两化"发展面临的资源环境约束矛盾突出，环境承载力不足。

第三，为深入分析我国工业化后期以来"两化"互动协同发展水平，本章构建了城镇化与工业化互动协同发展水平评价体系。基于耦合协调度模型对我国275个地级以上城市的"两化"互动协同发展水平进行了测度，并对不同地区的"两化"协调发展水平的空间分布特征进行了分析。研究发现随着工业化进程的不断深入，我国城市层面"两化"协调发展水平显著提升，地区之间差异依然突出；"两化"互动协同发展时空间格局存在"集群化"与"梯度化"等特征，城镇化与工业化耦合协调度呈现出空间关联和空间集聚的特征，这与理论分析环节的研究结论一致，以城市群为主要载体的城镇化与工业化发展空间结构，具有明显的集聚经济特征。

第五章　我国城镇化与工业化互动协同发展影响机制实证分析

基于前文研究，通过构建城镇化与工业化互动协同发展机制理论分析框架，梳理了我国城镇化与工业化的演进历程，并运用耦合协调度模型测度出近 20 年来我国不同地区城镇化与工业化互动协同发展水平，客观地反映出"两化"协同发展从工业化中期向工业化后期的过渡的阶段性特征。本章试图立足于我国城镇化与工业化发展的现实，引入地理空间影响因素，运用空间计量分析方法，进一步实证检验城镇化与工业化互动协同发展机制的影响机理，探索分析"两化"互动协同发展机理的一般性规律，识别影响城镇化与工业化良性互动发展的主要影响因素及其空间效应。

需要说明的是，实证分析的研究设计是建立在城镇化与工业化互动协同发展的一般理论分析框架基础上的，工业化后期的城镇化与工业化互动协同发展的影响机制遵循这一基本理论框架。因而，本章的实证研究设计首先运用 2005—2020 年全样本数据对城镇化与工业化互动协同发展的影响机制进行实证检验。进一步，为深入挖掘工业化后期阶段我国"两化"互动协同发展影响机制区别于其他阶段的差别及区域间的异质性，保证研究的严谨性及实证模型的稳健性，采用工业化后期阶段以来（2010—2020 年）的数据再次进行稳健性计量检验，为充分认识我国工业化后期的"两化"互动协同发展影响机制，进一步形成"两化"良性互动机制及城镇化与工业化推进机制的构建提供实证研究依据。

第一节 基于空间计量模型的理论基础与研究设计

一 空间计量模型的适用性及理论基础

空间计量模型相较于普通计量模型最大的区别在于引入了空间因素，通过加入空间权重矩阵将不同经济体的空间关系进行合理的量化，从而将空间上的相互关联和影响因素纳入回归模型当中。城镇化与工业化进程中，产业集聚和产业转移是实现空间协调发展的基础，"两化"互动协同发展时空间格局存在"集群化"与"梯度化"等特征，呈现空间外部性、空间关联及空间外溢效应，赋予了新经济地理学理论的内涵。因此，基于本书第三章关于城镇化与工业化互动协同机理，选择空间计量模型具有一定的适用性和可行性。围绕城镇化与工业化的经济集聚而形成的空间溢出效应，进一步探索分析影响两者协同发展的关键因素有哪些，不同类型、产业结构等核心要素存在差异的城市在城镇化与工业化协同耦合发展是否存在差异，在所构建的"技术创新—产业结构升级—集聚经济效应"框架下引入人口集聚、产业发展、城市投资、城乡收入差距、居民消费状况、政府财政6个方面进行研究。

空间计量模型是一个模型体系，在选择和应用的时候应该遵循一定的检验步骤，基于面板空间计量问题，常用的三类模型（SLM、SEM、SDM）都是在通用空间计量模型的基础上退化而来的。对于空间计量模型簇的梳理，基于王金田（2013）、陈强（2014）、马丽梅等（2016）的研究，针对不同的情况，模型的选择、检验识别以及各类模型之间的关系如图5.1所示。

第五章 我国城镇化与工业化互动协同发展影响机制实证分析

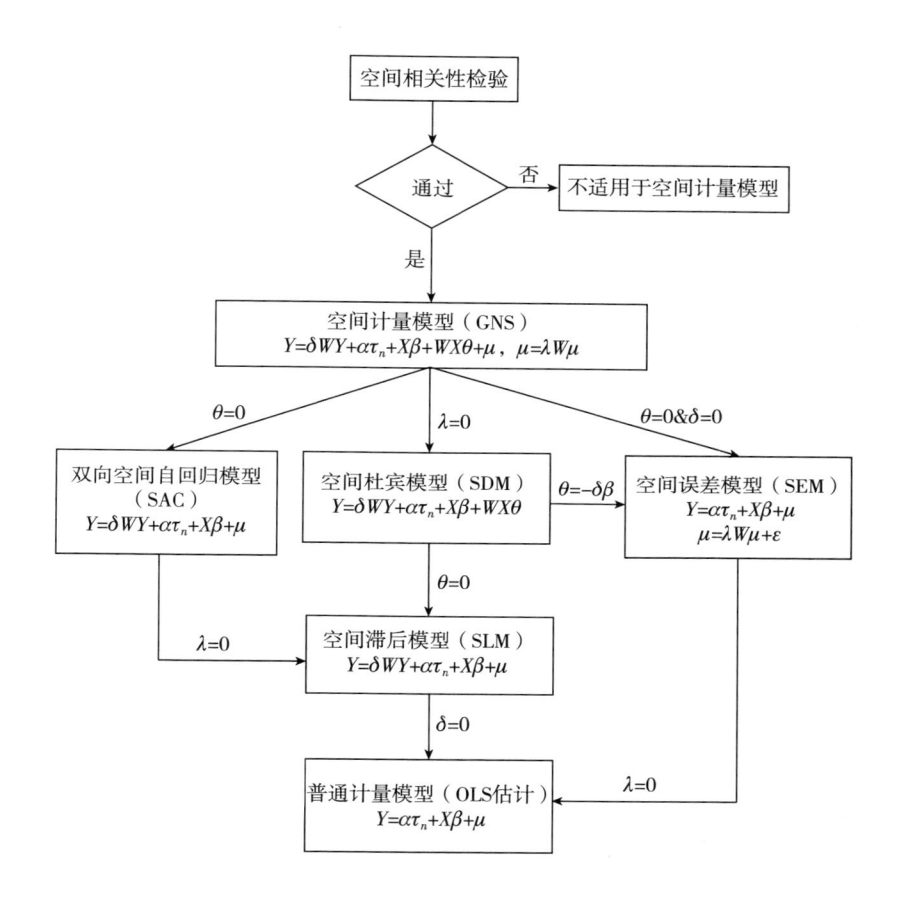

图 5.1 本书空间计量模型选择及检验流程

一般通用空间计量模型可以表示为如下形式：

$$Y = \delta WY + \alpha \tau_n + X\beta + WX\theta + \mu, \quad \mu = \lambda W\mu + \varepsilon \tag{5.1}$$

式中，Y 为被解释变量，X 为解释变量，W 为 $N \times N$ 阶权重矩阵，WY 为因变量 Y 的滞后项，表示相邻地区因变量对 Y 的影响，WX 为自变量的滞后项，表示相邻地区自变量对 Y 的影响，$W\mu$ 表示随机误差项的交互影响。

常用的空间面板模型包括空间杜宾模型、空间滞后模型、空间误差模型以及 GNS 模型的退化形式，如空间自回归模型、空间自相关模型等。

空间杜宾模型（SDM）的基本形式为：

$$Y=\delta WY+\alpha\tau_n+X\beta+WX\theta+\varepsilon \tag{5.2}$$

当 $\theta=0$ 时，空间杜宾模型退化为空间滞后模型（SLM）：

$$Y=\delta WY+\alpha\tau_n+X\beta+\varepsilon \tag{5.3}$$

当 GNS 模型中 $\theta=0$ 或者 SDM 模型 $\theta=-\delta\beta$ 时，便有空间误差模型（SEM）：

$$Y=\alpha\tau_n+X\beta+WX\theta+\mu,\ \mu=\lambda W\mu+\varepsilon \tag{5.4}$$

最终模型的确定需要遵循一定的选择机制，首先应用 OLS 估计结果对残差进行 LM 检验，LM_{lag}、LM_{error} 统计量对应是否选择空间滞后模型（SLM）和空间误差模型（SEM）；对于空间杜宾模型（SDM）的确定还需要似然比 LR 检验，判断的依据是：H_0：$\theta=0$ 和 H_0：$\theta+\delta\beta=0$ 分别用于判断 SDM 模型是否可退化为 SLM 模型和 SEM 模型。在空间常系数回归模型中，SDM 模型具有一定的优势，它既包含了被解释变量的空间滞后项和解释变量的空间滞后项，相对于其他模型更有利于解决遗漏变量问题，相对于空间误差模型（SEM）和空间滞后模型（SLM），空间杜宾模型（SDM）更能保证参数估计量的无偏性质（Lesage and Pace，2009；马丽梅等，2016）。空间计量模型中变量之间的直接效应与间接效应也只能通过 SDM 模型和 SAR 模型来实现，因此，基于模型的适用性检验，本书选择空间杜宾模型进一步考察城镇化与工业化互动协同的影响机制。

二 空间权重矩阵的构建

空间计量模型相对于普通计量模型主要的区别是空间权重矩阵的引入，构建科学合理的空间权重矩阵也是空间计量模型的基础性工作，其作用是能够将不同经济主体之间的空间关系进行合理量化，从而将空间上的相互关联和影响因素纳入回归分析当中。建立空间权重矩阵的目的是量化所研究的空间单元之间的空间效应的强度及其作用效果，其建立标准一般考虑空间单元之间的地理分布和经济联系等特征。对于空间权重矩阵的构建方法，以下通过文献回顾做简单梳理，并在此基础上构建本书适用的空间权重矩阵，首先，空间邻接矩阵是所有方法中最为基础且在研究中普遍应用的类型（Getis，2009；任英华等，2010），这种方法不考虑经济单元之间的经济联系，只是单纯的空间地理之间的关系，若空间单元之间不存在相同边界，则说明在地理空间上不相邻，则用"0"来表示两者之间的空间关系；如果单元之间存在相同的边界，说明在空间上相邻，则用"1"来表示两者之间的空间关系，一般认为，空间单元与自身不相邻。对于相邻的定义也有多重，如后相邻（两个相邻地区拥有共同的边界或顶点）、车相邻（两个相邻地区拥有共同边界）、象相邻（两个相邻地区拥有共同顶点）等，其中后相邻是较为常见的"相邻"关系的定义（陈强，2014）。假设空间效应的强度与空间距离成反比，则可以构建反距离空间权重矩阵，具体方法可根据空间单元的地理坐标的经纬度计算两个空间个体单元之间的地理距离，如钟水映和李魁（2010）、潘海峰和张定胜（2018）等；也有文献采用空间单元之间的公路或铁路距离来测算距离（陈继勇，2010），用距离平方的倒数来表征空间单元之间的空间效应强度，则空间距离远的单元之间的空间关系越弱。区域经济研究中，空间单元个体相互影响效应的发挥不仅受到地理因素的影响，还受到如经济发展水平、开放程度、社会文化环境等诸多因素的影响（余淼杰，2013），基于这些因素构建的空间权重矩阵在研究中得到越来越普遍的应用，如 Conley 和 Dupor（2003）、赵放和刘秉镰（2012）等。出于稳健性考虑，本书构建了空间邻接矩阵、地理距离矩阵、经济距离矩阵、经济地理引力矩阵四种权重矩阵，具体构建方法如下：

（1）空间邻接矩阵。

$$w_{ij} = \begin{cases} 1 & i, j \text{ 两个地区相邻} \\ 0 & i, j \text{ 两个地区不相邻} \end{cases}$$

二元空间邻接矩阵时常用的权重矩阵设定形式，也用于变量之间的空间效应是否存在的 Moran 指数检验。以 275 个地级以上城市为样本，建立了城市间的空间邻接关系矩阵，当两个地区具有共同边界时取值为 1，否则不相邻时权重为 0。

（2）地理距离矩阵。

本书首先应用百度地图 API 获取各个城市经纬度信息，测得两地区之间的地理距离，并运用 ArcGIS 10.0 软件，以国家地理信息系统网站公开发布的中国地级以上城市电子地图为基础，利用城市中心位置的坐标测算出城市之间的空间距离 d，由此建立城市之间的反距离空间权重矩阵 W_d。不考虑其他影响因素时，反距离地理矩阵的形式为：

$$w_d = \begin{cases} \dfrac{1}{d_{ij}^2}, & i \neq j \\ 0, & i = j \end{cases}$$

式中，d_{ij} 表示城市 i 与城市 j 之间的距离，$i=j$ 即城市自身与自身的距离为 0。

（3）经济距离矩阵。

除了考虑地理距离对经济变量的影响外，经济距离也是刻画区域经济差异的重要影响因素，权重计算公式如下所示，g_i、g_j 代表两个地区的经济发展水平，用人均 GDP 表示，本书利用各地区 2000—2020 年人均 GDP 均值表示。一般认为地区之间收入差距越小权重就越大，差距越大对应的权重就越大，因此，取经济距离之差的绝对值的倒数。

$$w_{ij} = \begin{cases} \dfrac{1}{|g_i - g_j|} & i, j \text{ 为两个不同地区} \\ 0 & i, j \text{ 为同一地区} \end{cases}$$

（4）经济地理引力矩阵。

权重矩阵的构建过程中，若仅从地理距离或经济距离单一方面考察各变量之间的关系均存在一定的局限性，在引力权重矩阵的构建中试图将地理距离与经济距离两种因素同时纳入模型分析当中，计算公式如下：

$$w_{ij} = \begin{cases} \dfrac{g_i \cdot g_j}{d_{ij}^2} & i, j \text{ 为两个不同的地区} \\ 0 & i, j \text{ 为同一个地区} \end{cases}$$

式中，g_i、g_j 代表两个地区的经济发展水平，d_{ij} 为两个地区间的地理距离。结合经济距离和地理距离两种因素，当两个地区的经济发展水平较高，同时距离较近时，权重就较大；当两个地区的经济发展水平均较低，地理距离较远时，权重就较小；当两个地区的经济水平都较强，但距离较远时，权重就越小；其他情况可以类比，综合来看引力矩阵表示权重受到两种因素的同时约束，比单一的距离矩阵更为合理。

第二节 空间计量模型的构建及空间自相关检验

一 空间计量模型的构建

运用空间计量模型研究城镇化与工业化互动协同发展的影响机制，首先构建空间杜宾模型如下：

$couping\_degree_{it} = \alpha_0 + \rho W couping\_degree_{it} + \alpha_1 per\_patent_{it} + \alpha_2 qws\_third_{it} + \alpha_3 upgrade\_industry_{it} + \alpha_4 \ln person_{it} + \alpha_5 income\_gap_{it} + \alpha_6 perfiscal\_income_{it} + \alpha_7 per\_consume_{it} + \alpha_8 per\_invest_{it} + \beta_1 W per\_patent_{it} + \beta_2 W qws\_third_{it} + \beta_3 W upgrade\_industry_{it} + \beta_4 W \ln person_{it} + \beta_5 W income\_gap_{it} + \beta_6 W perfiscal\_income_{it} + \beta_7 W per\_consume_{it} + \beta_8 W per\_invest_{it} + \mu_i + \lambda_t + \varepsilon_{it}$

其中，$W = (w_{ij})$ 为空间权重矩阵，ρ 为空间滞后系数，代表周围其他地区城镇化与工业化协同发展与第 i 地区之间的交互作用，μ_i 为个体效应，λ_t 为时间效应，ε_{it} 为随机误差项，其他变量释义与表5.1相同。如上式所示，空间杜宾模型（SDM）同时包括被解释变量和所有解释变量的空间滞后项，所有自变量均与标准化的空间权重矩阵交叉生成自变量的空间滞后项，兼容了空间滞后模型（SAR）和空间误差模型（SEM）的基本假设，在空间面板计量模型中更具有一般性和稳健性，因此，本书选择空间杜宾模型对城镇化与工业化协同发展的影响机制进行检验。

二 变量选择及数据说明

（一）变量选择

（1）被解释变量。城镇化与工业化耦合协同发展，对于两个相互影响、相互作用的子系统，要探索分析两者之间的互动机制、过程及其规律，首先需要测度地区城镇化与工业化的协同发展水平。本书利用耦合协调度模型，基于第四章的测算结果，将城镇化与工业化的耦合协调度作为被解释变量，其取值范围为 [0, 1]，变量基本特征描述性统计如表 5.1 所示。

（2）核心解释变量。前文对城镇化与工业化互动协同发展的机制分析表明，技术创新、产业结构升级、集聚经济效应是主要的影响因素，因此，对于影响机制的解释选择这三个变量作为核心解释变量。其中利用各地区人均获得专利数量作为技术创新水平，用每万人获得专利数量计算，专利包括获得的发明专利、实用新型专利、外观设计专利之和。产业结构升级是驱动城镇化与工业化发展的重要力量，借鉴陶长琪和周璇（2015）、干春晖等（2011）、李虹和邹庆（2018）等的做法，利用第三产业产值与第二产业产值的比来衡量产业结构高级化。集聚效应是城镇化的主要经济特征，也是城镇化与工业化互动发展的内生动力机制，城镇化带来要素集聚，集中体现为产业集聚。对产业集聚的度量，由于区位熵能够较好地反映要素的空间分布特征，且不受区域规模的影响，参照 Rosenthal 和 Strange（2004）、范剑勇（2014）、苏丹妮等（2018）的做法，采用第二产业和第三产业产值的区位熵来衡量产业集聚度。

（3）其他控制变量。人口规模用城市常住人口数量表示，一定程度上反映人口集聚；城乡收入差距用城乡可支配收入的比值计算所得；居民消费状况用人均消费品总额来衡量；用人均财政收入表示政府财政状况；人均固定资产投资表示城市发展过程中的投资状况。各变量特征的描述性统计如表 5.1 所示。

表 5.1　　　　　　　　变量的描述性统计

变量名称	变量含义	观测值数	均值	标准差	最小值	最大值
coupling_degree	城镇化与工业化耦合协调度	3575	0.642	0.165	0.122	0.96
urban_level	城镇化水平	3575	0.435	0.255	0.231	0.988
indus_level	工业化水平	3575	0.467	0.169	0.174	0.925
lnperson	人口规模（取对数）	3575	6.097	5.779	3.392	8.094
per_patent	区域创新水平（每万人专利数量）	3575	5.089	9.499	0.009	103.480
qws_indus	产业集聚水平（工业产值区位熵）	3575	1.007	0.195	0.207	2.139
qws_third	产业集聚水平（服务业产值区位熵）	3575	0.970	1.866	0.156	3.926
upgrade_industry	产业结构升级	3575	0.894	2.483	2.439	9.482
income_gap	城乡收入差距	3575	2.563	0.599	1.134	6.378
per_fiscal_income	人均财政收入（万元）	3575	0.299	0.334	0.007	3.581
per_consume	人均社会消费品总额（万元）	3575	1.348	1.094	0.088	10.440
per_invest	人均固定资产投资（万元）	3575	2.591	2.042	0.086	14.615

资料来源：笔者整理。

（二）数据来源说明

本书依据国家基础地理信息中心提供的城市矢量地图信息收集了城市空间基本信息数据及城市地图数据。同时兼顾数据的可得性，选取 275 个地级及以上城市为基础数据样本，整理了 2008—2020 年城市经济社会发展相关数据，主要来源于历年《中国城市统计年鉴》

《中国区域经济统计年鉴》,以及 Wind(万得)、各省(市、自治区)2009—2021 年统计年鉴、CSMAR(国泰安)、CNRDS(中国研究数据服务平台)、EPS 数据平台、CEIC 数据平台等数据库。对于个别缺失数据,依据官方统计报告类数据进行了补齐或趋势插值处理。

三 空间自相关检验

在运用空间计量模型进行回归分析之前,首先对被解释变量城镇化与工业化的耦合协调度变量进行空间相关性检验,若不存在空间相关性则估计结果存在偏误。运用全局莫兰指数(Moran's I)来分析城镇化与工业化耦合协调度的空间关联特征,分析空间聚集状态,计算公式为:

$$Moran's\ I = \frac{\sum_{i=1}^{m}\sum_{j=1}^{n}W_{ij}(x_i - \bar{x})(x_j - \bar{x})}{S^2\sum_{i=1}^{m}\sum_{j=1}^{n}W_{ij}}$$

其中,S^2 为样本方差,$\bar{x}$ 为样本均值,W_{ij} 为 $n \times n$ 阶空间权重矩阵。Moran's I 指数的取值范围为 [-1, 1],数值的绝对值越大,表明空间相关性越强,正负号代表空间相关性的方向,大于 0 表示变量的空间属性特征呈正相关,即变量值分布呈现"高—高""低—低"集聚分布特征,该变量值高的地区与该变量值低的地区在空间上呈集聚状态;指数小于 0 说明变量的空间特征呈负相关,即呈现为"高—低"分布特征;若指数为 0 则说明变量不存在空间相关关系。Moran's I 指数绝对值的大小表征空间相关程度的大小,绝对值越大说明空间相关程度越大,反之则越小。

本书选择城镇化与工业化的耦合协调度表征两者之间的互动协同发展水平,因此,在引入地理空间因素分析的基础上,要探索分析城镇化与工业化互动协同发展的空间经济特征,首先利用 Moran's I 指数检验耦合协调度的空间相关性,以空间邻接矩阵为基础,选取 2005—2020 年全样本数据分别进行统计检验,结果如表 5.2 所示。

表 5.2　2005—2020 年地级以上城市城镇化与工业化耦合协调度全局自相关检验

年份	Moran's I	临界值 Z（I）	年份	Moran's I	临界值 Z（I）
2005	0.091**	2.497	2013	0.206***	3.665
2006	0.147***	3.958	2014	0.220***	5.887
2007	0.182***	4.864	2015	0.212***	5.651
2008	0.153***	4.115	2016	0.173***	4.73
2009	0.136***	3.225	2017	0.202***	5.409
2010	0.100**	2.719	2018	0.218***	4.623
2011	0.154***	4.139	2019	0.248***	6.604
2012	0.185***	4.957	2020	0.265***	7.06

注：双边检验正态统计量 Z（I）的 5% 显著性水平对应的值为 1.96，***、**、* 分别表示通过 1%、5%、10% 的显著性检验。

除了对城镇化与工业化耦合协调度进行了 Moran's I 空间相关性检验，本书还对产业转型升级、技术创新水平、产业集聚等核心解释变量进行了检验，发现这些变量均存在空间自相关现象，而且指数方向与耦合协调度的检验结果一致，且通过统计检验，限于篇幅，不再一一列出。从而说明各地区之间的城镇化与工业化耦合协调度并不是完全随机的状态，而是表现出显著的空间关联性特征，可以推断出空间距离及地理邻接是影响区域创新能力的重要因素，选用空间计量模型讨论城镇化与工业化耦合协调发展这一现实问题具有一定的合理性，这为进一步讨论城镇化与工业化互动协同发展的空间溢出效应提供了理论线索。上述检验 Moran'I 指数均为正且显著地通过了统计检验，为直观地反映变量的空间经济特征，以下给出城镇化与工业化耦合协调度变量 Moran'I 指数散点图，如图 5.2 所示。

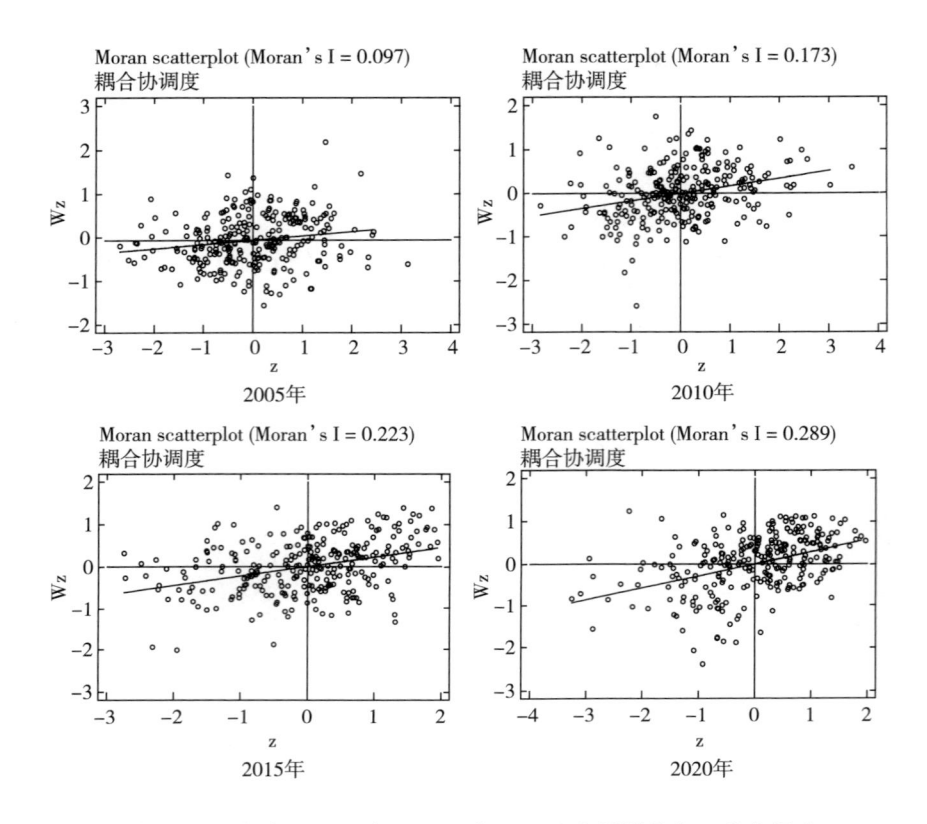

图 5.2　2005 年、2010 年、2015 年、2020 年城镇化与工业化耦合协调度 Moran's I 指数散点图

第三节　城镇化与工业化互动协同发展影响机制实证分析

　　为确保实证分析的有效性和稳健性，本节选用多种方法对城镇化与工业化影响机制进行实证检验。一方面，计量方法的选择采用普通面板计量模型进行分析，并与空间计量方法的实证分析结果进行对比，以确保实证方法的有效性；另一方面，考虑城镇化与工业化的空间效应的同时，采用空间计量方法，构建了四种权重矩阵进行空间计

量模型回归检验，以便于进行最优模型的甄别和科学评估。基于空间杜宾模型估计结果，对"两化"耦合协调度的影响因素相关变量的直接效应和间接效应进行分解，能够直观地反映出"两化"协同发展的空间关联性以及影响因素的空间作用机制和路径。

一 基于经典面板计量模型的城镇化与工业化协同发展影响机制分析

在进行空间计量模型实证分析之前，本书还对非空间经典面板模型估计进行了比较，构建回归模型如下：

$couping\_degree_{it} = \alpha_0 + \alpha_1 per\_patent_{it} + \alpha_2 qws\_third_{it} + \alpha_3 upgrade\_industry_{it} + \alpha_4 \ln person_{it} + \alpha_5 income\_gap_{it} + \alpha_6 perfiscal\_income_{it} + \alpha_7 per\_consume_{it} + \alpha_8 per\_invest_{it} + \mu_i + v_t + \varepsilon_{it}$

变量定义与表 5.1 中相同，其中 μ_i 和 v_t 分别表示个体和年度时间效应，ε_{it} 为随机误差项。模型估计结果如表 5.3 所示，模型（1）为混合 OLS 回归，模型（2）为个体固定效应估计结果，模型（3）为年份时间固定效应估计结果，模型（4）为个体时间双固定效应的估计结果。

表 5.3　城镇化与工业化互动协同机制经典面板模型估计及检验

变量名	模型（1）	模型（2）	模型（3）	模型（4）
per_patent	0.0485** (2.34)	0.0788* (1.96)	0.0593*** (2.92)	0.0175*** (7.22)
qws_third	0.0372*** (3.09)	0.366*** (18.37)	0.0717*** (9.28)	0.133*** (10.80)
upgrade_industry	0.0117* (1.72)	0.0194*** (3.12)	0.0798** (2.10)	0.0821** (2.21)
lnperson	0.0149*** (4.08)	0.107*** (7.68)	0.0944 (0.36)	-0.110*** (-12.28)
income_gap	-0.0288*** (-7.24)	-0.0938*** (-15.64)	-0.0126*** (-4.88)	-0.0129*** (-3.21)
per_fiscal_income	0.128*** (10.15)	0.0146 (0.83)	0.0276*** (3.46)	0.00175* (1.72)

续表

变量名	模型（1）	模型（2）	模型（3）	模型（4）
$per\_consume$	0.0455*** （10.60）	0.0824*** （16.40）	0.00722 （0.28）	-0.0200*** （-5.50）
per_invest	0.0494*** （29.46）	0.0381*** （20.42）	0.0954*** （9.26）	0.0123*** （10.55）
$cons$	0.444*** （15.99）	0.325*** （3.59）	0.309*** （15.67）	0.903*** （15.85）
R^2（$within$）	0.6783	0.7335	0.8999	0.9067
城市个体	—	控制	—	控制
时间年份	—	—	控制	控制
N	3575	3575	3575	3575

注：括号中为 t 统计量值；＊＊＊代表 $p<0.01$，＊＊代表 $p<0.05$，＊代表 $p<0.1$。

资料来源：笔者由 Stata 14.0 软件计算得到。

利用经典面板回归模型对城镇化与工业化互动机制进行了检验，模型估计分别对混合 OLS、固定个体效应、时间效应以及双固定效应进行回归。回归结果显示，模型整体拟合效果良好，从变量的显著性来看，区域技术创新水平、产业结构升级、产业集聚三个核心解释变量对城镇化与工业化耦合协调度的影响一致通过了显著性检验，验证了城镇化与工业化互动协同发展的影响机制。控制变量的回归结果显示，人均社会投资、财政收入水平、社会消费水平均为"两化"耦合协调度的显著影响因素。城乡收入差距变量回归参数显著为负，表明现阶段城乡收入差距依然是影响城镇化和工业化协同发展的主要因素。

虽然经典面板计量模型对影响"两化"协同发展的原因初步进行了分析，本书为了进一步探讨城镇化与工业化互动发展的影响机制以及不同地区城市及其他城市之间的空间溢出效应，需要了解被解释变量及影响因素各变量的空间关联性与相关程度。空间相关性是指特定区域单元某一属性值与其邻近区域单元中的相应属性变量值具有相关性。理论机制分析及实证检验表明，城镇化与工业化互动发展存在空间相关性及其溢出效应，有必要运用空间计量模型进行分析。

二 基于空间计量模型的城镇化与工业化协同发展影响机制检验

通过空间自相关分析表明我国城镇化与工业化耦合协调度存在空间集聚特征及空间溢出效应，城镇化与工业化的发展存在明显的空间关联性，即本地区的城镇化与工业化发展不仅与自身的因素相关，也与其他地区存在相关性，这也构成了空间计量分析的理论和应用基础。本书采用空间杜宾模型，构建空间邻接矩阵、经济距离矩阵、地理距离矩阵、经济地理引力矩阵四种权重矩阵对城镇化与工业化耦合协调度的影响机制及其影响因素进行实证检验，回归结果分别对应于表 5.4 中模型（1）—模型（4）。对于模型的选择，Hausman 检验结果表明，卡方值在 1% 的显著性水平上通过了检验，表明固定效应要优于随机效应模型，从回归结果来看，R^2、$Sigma^2$、$Log\,L$ 等统计量回归拟合效果比较理想，说明所选用模型能够较好地检验我国各地区城镇化与工业化互动协同发展的影响机制。

表 5.4　　　　　　　空间杜宾模型估计结果

变量名	模型（1）空间邻接矩阵	模型（2）经济距离矩阵	模型（3）地理距离倒数矩阵	模型（4）经济地理引力矩阵
per_patent	0.0170* (1.91)	0.0771** (2.37)	0.0220* (1.77)	0.0664* (1.75)
qws_third	0.1334*** (5.52)	0.0710*** (3.97)	0.1905*** (5.54)	0.0779*** (4.45)
$upgrade\_industry$	0.0755*** (4.75)	0.0930*** (3.37)	0.0763*** (4.78)	0.0075*** (3.59)
$lnperson$	0.0136* (1.90)	0.0280 (0.67)	0.0130 (0.34)	0.0178 (0.48)
$income\_gap$	-0.0346** (-2.13)	-0.0867* (-1.77)	0.0601* (1.65)	-0.0495* (1.78)
$perfiscal\_income$	0.0253 (1.11)	0.0273* (1.83)	0.0277* (1.95)	0.02781** (1.97)
$per\_consume$	0.0839*** (2.71)	0.0780** (2.13)	0.0101** (2.05)	0.0108** (2.01)

续表

变量名	模型（1） 空间邻接矩阵	模型（2） 经济距离矩阵	模型（3） 地理距离倒数矩阵	模型（4） 经济地理引力矩阵
per_invest	0.0900*** (3.53)	0.0234*** (5.97)	0.0370* (1.72)	0.0104*** (4.43)
$W \times per\_patent$	0.0312** (2.13)	0.0575** (2.04)	0.0284* (1.74)	0.0626* (1.67)
$W \times quweishang\_third$	0.0782*** (4.62)	0.0172** (2.50)	0.3570*** (3.11)	0.0716** (2.02)
$W \times upgrade\_industry$	0.0786** (2.37)	0.0150*** (4.31)	0.0318*** (3.97)	0.0668*** (3.51)
$W \times lnperson$	0.0295** (2.19)	0.0036* (1.72)	−0.0392 (−0.14)	0.0221** (2.21)
$W \times income\_gap$	−0.0161** (2.06)	−0.0615* (−1.67)	−0.0693** (−2.31)	−0.0120* (1.73)
$W \times per\_fiscal\_income$	0.0644** (2.27)	0.0575* (1.78)	0.0380* (1.71)	0.0408* (1.79)
$W \times per\_consume$	0.0186*** (2.78)	0.0873** (2.48)	0.0473*** (3.09)	0.0119** (1.89)
$W \times per\_invest$	0.0794*** (3.34)	0.0132** (2.53)	0.0349*** (4.56)	0.0116** (2.57)
空间回归系数 Rho	0.7120*** (44.48)	0.7771*** (41.36)	0.8262*** (30.86)	0.8101*** (47.61)
$Sigma^2$	0.0029*** (19.45)	0.0027*** (22.63)	0.0266*** (21.30)	0.0028*** (22.42)
R^2（within）	0.8112	0.8576	0.8842	08396
Log L	4818.31	4903.1	5325.2	4987.0
N	3575	3575	3575	3575

注：括号中为t统计量值；***代表p<0.01，**代表p<0.05，*代表p<0.1。

资料来源：笔者由Stata 14.0软件计算所得。

从回归结果整体上来看模型拟合程度较好，R^2均在0.8以上，四种权重矩阵分别对应的空间回归系数 Rho 为0.7120、0.7771、

0.8262、0.8101，且在1%的显著性水平上通过检验，表明我国城镇化与工业化耦合协调度存在正向溢出效应，各地区城镇化与工业化互动协同发展水平不仅受到本地区经济社会因素的影响，也会受到其他地区的影响，区域间的经济因素溢出效应是促进工业化与城镇化协同发展的关键因素。这种溢出效应有助于缩小地区间耦合协调度的差距，促进城镇化与工业化的发展。

四类权重矩阵对应的模型（1）—模型（4）中，核心解释变量产业结构升级（upgrade_industry）、技术创新水平（per_patent）、产业集聚水平（第三产业区位熵 qws_third）回归参数显示均存在正向影响，且产业集聚水平与产业结构升级在1%的显著性水平上通过检验，具有较高的一致性，也说明空间计量模型存在一定的稳健性。由此表明技术创新、产业升级、集聚经济效应是影响城镇化与工业化协同发展的关键变量，内在互动机制得到检验。其他解释变量回归显示，城市人口数量（城市人口规模的对数 lnperson）在四个模型当中影响作用不明显，未通过显著性检验。城乡收入差距（income_gap）对被解释变量耦合协调度影响显著为负，表明城乡收入差距过大也是制约工业化与城镇化发展的重要因素，这也是在工业化后期，城乡关系趋于融合发展的基本表现。此外，人均消费水平、社会投资以及财政收入水平对城镇化与工业化的互动发展具有显著正向促进作用。

三　城镇化与工业化互动协同空间溢出效应分解

空间计量模型不能直接用回归参数来解释自变量对因变量的影响程度，需要借助偏微分方法分解为直接效应和间接效应（Le Sage et al.，2009），进一步反映自变量对因变量的影响关系。变量的空间溢出效应中直接效应可视为区域内的溢出效应，间接效应可以理解为区域间的溢出效应（刘华军等，2014），溢出效应的分解如表5.5所示。被解释变量城镇化与工业化耦合协调度及其他变量的空间溢出效应对应的四种权重矩阵模型回归结果表明，技术创新、产业结构升级、产业集聚水平等核心解释变量均存在显著的正向溢出效应，模型回归结果显示这三个变量的直接效应和间接效应均显著通过检验，回归参数具有一定的稳健性，如第三产业的产值区位熵（产业集聚水平的表征变量）在四个模型的回归结果中直接效应分别为 0.2221、0.1762、0.1459、0.1720，间接效应分别为 0.2772、0.6023、3.1624、0.4406，其中间接溢出效应在地理权重矩阵模型中总效应最大，这表明集聚经济效应是工业化与城镇化过程的重要理论机制之一，对区域内和区域间的工业化与城镇化发展具有显著的促进作用。四种权重矩阵对应的不同空间关联模式下，区域创新、产业结构升级、产业集聚水平三类核心解释变量在区域内和区域间的溢出效应依然显著。这说明核心解释变量不仅对本地区的城镇化与工业化耦合协同发展水平促进作用明显，也会促进其他地区的城镇化和工业化的发展，具有一定的辐射效应和扩散渗透效应，解释了城镇化与工业化协同耦合加速了区域间创新要素的流动和优化配置，检验了城镇化与工业化互动发展的理论机制。

从其他变量的溢出效应分析来看，总体上城乡收入差距的总效应为负，模型（1）—模型（4）对应的直接效应分别为 -0.0189、-0.0155、-0.0041、-0.0985，当然也存在负向间接效应，这表明城乡收入差距是影响我国经济社会发展的客观事实，不仅对本地区城镇化与工业化发展形成制约，对具有关联效应的空间其他地区也会产生影响。城市人口数量（人口规模）并未形成方向一致的空间效应，或许这与我国城镇化过程中形成的"城市病"问题相关，在公共服务均等化发展的背景下，人口规模足够大的城市，公共服务供给显得相对不足，因此不同权重矩阵对应的空间关联关系导致模型的回归结果存在差异。社会消费水平、城市社会投资和财政收入水平三个变量具有显著的正向溢出效应，社会消费水平的直接效应系数分别为 0.0103、0.0111、0.0101、0.0140，总效应分别为 0.0837、0.0225、0.2341、0.0596，且在 5% 的显著性水平上通过检验。城镇化和工业化的过程也创造了消费需求，地区社会消费总体需求随之增加，另一方面，随着人们消费能力的提高，个性化的消费需求为城镇化与工业化的发展创造了市场空间。此外，社会投资水平具有显著的正向溢出效应，直接效应尤为明显，总体效应均为正，当然社会投资是城镇化与工业化发展不可或缺的因素。从财政收入水平来看，总效应为正，我国的城镇化与工业化具有明显的政府导向倾向,因此,政府财政收入水平不仅正向促进本地区"两化"耦合协调发展水平,对其他地区也会产生间接溢出效应。

表 5.5　　　　　　　　　　空间溢出效应分解

效应分解	变量名	模型(1) 空间邻接矩阵	模型(2) 经济距离矩阵	模型(3) 地理距离倒数矩阵	模型(4) 经济地理引力矩阵
直接效应	per_patent	0.0648** (2.13)	0.0152*** (3.52)	0.0064* (1.65)	0.0121*** (2.91)
	quweishang_third	0.2221*** (7.76)	0.1762*** (6.51)	0.1459*** (5.93)	0.1720*** (6.79)
	upgrade_industry	0.0131*** (3.74)	0.0331*** (5.95)	0.0015*** (4.98)	0.0210*** (4.85)
	lnperson	-0.0664** (-2.19)	-0.0948*** (-3.62)	-0.122*** (-5.46)	-0.116*** (-4.44)
	income_gap	-0.0189* (-1.71)	-0.0155* (-1.95)	-0.0041 (-0.56)	-0.0985* (-2.30)
	per_fiscal_income	0.0134** (2.40)	0.0045* (0.19)	-0.0598** (-2.25)	0.0252** (2.10)
	per_consume	0.0103** (2.39)	0.0111*** (2.58)	0.0101 (1.95)	0.0140* (2.07)
	per_invest	0.0117*** (3.76)	0.0164*** (5.68)	0.0809*** (3.06)	0.0133*** (4.58)
间接效应	per_patent	0.0239* (1.67)	0.0139** (2.35)	0.0218* (1.73)	0.0991** (2.28)
	quweishang_third	0.2772*** (2.77)	0.6023*** (3.85)	3.1624** (2.56)	0.4406** (2.15)
	upgrade_industry	0.0496* (1.65)	0.0526* (4.59)	0.1873** (2.91)	0.0302*** (3.29)
	lnperson	0.2000 (1.30)	-0.1167* (1.80)	0.9381* (1.94)	0.0960* (1.79)
	income_gap	-0.0734*** (-3.12)	-0.0569 (-1.42)	-0.1076 (-0.64)	0.1291*** (2.94)

续表

效应分解	变量名	模型（1）空间邻接矩阵	模型（2）经济距离矩阵	模型（3）地理距离倒数矩阵	模型（4）经济地理引力矩阵
间接效应	per_fiscal_income	0.0477* (0.81)	0.255** (1.98)	0.236** (2.57)	0.256* (1.94)
	per_consume	0.0734*** (4.09)	0.0115** (2.28)	0.224* (1.95)	0.0456* (2.12)
	per_invest	0.0313*** (3.54)	0.0498*** (2.78)	0.200** (3.07)	0.0398* (2.32)
总效应	per_patent	0.0887* (1.73)	0.0291*** (1.69)	0.0282* (1.67)	0.1112*** (2.62)
	quweishang_third	0.499*** (4.39)	0.778** (4.58)	3.3083** (2.44)	0.612*** (2.85)
	upgrade_industry	0.0627*** (2.89)	0.0857 (4.67)	0.1885*** (2.92)	0.0512*** (3.38)
	lnperson	0.1336 (1.39)	−0.2108 (−1.33)	0.8160* (1.71)	−0.0254** (2.16)
	income_gap	−0.0923*** (−3.29)	−0.0724* (1.68)	−0.1111* (1.67)	0.0305*** (3.00)
	per_fiscal_income	0.0611* (1.77)	0.2592* (1.90)	0.1762*** (2.65)	0.2812* (1.8)
	per_consume	0.0837*** (4.14)	0.0225*** (2.53)	0.2341** (2.04)	0.0596** (2.23)
	per_invest	0.043*** (4.15)	0.0662*** (3.44)	0.2809*** (3.19)	0.0531** (2.91)

注：括号中为t统计量值；***代表 $p<0.01$，**代表 $p<0.05$，*代表 $p<0.1$。
资料来源：笔者由Stata 14.0软件计算所得。

四 研究结论及讨论

基于对我国275个地级以上城市城镇化与工业化耦合协调发展水平的测度及空间演进特征的分析，探讨了区域技术创新水平、产业结构升级、集聚经济效应与城镇化、工业化协调发展之间的关系，采用不同模型和方法的实证结果具有较强的一致性和稳健性。构建了空间

第五章 我国城镇化与工业化互动协同发展影响机制实证分析

邻接矩阵、经济距离矩阵、地理距离矩阵以及经济地理引力矩阵四种空间权重矩阵，运用空间计量模型对城镇化与工业化互动协同发展的影响机制及其空间溢出效应进行了检验。实证分析表明，我国城镇化与工业化发展存在空间关联性特征，不同地区的"两化"协同发展存在空间关联性及空间溢出效应。因而，对于城镇化与工业化的研究不能忽视地理因素、空间因素和空间效应的影响。主要研究结论如下。

第一，通过经典面板计量模型和空间计量模型相结合的实证检验表明，产业结构升级、技术创新水平、集聚经济效应、区域消费水平、财政收入状况、城市投资水平等因素是城镇化与工业化互动协同发展水平影响机制的主要体现，空间关联特征及溢出效应明显。即核心城市或城市群（都市圈）范围内的地区城镇化与工业化发展不仅正向促进本地区的"两化"发展，也会对地理空间上的邻近地区产生外溢效应。为保证实证结论的稳健性，空间计量回归模型采用了四种权重矩阵对应的回归模型得到了较好的一致性回归结果。从而，本书构建的"两化"互动协同发展的理论机制得到进一步验证，政策启示明显。

第二，城镇化与工业化的发展空间相关性特征明显，区域分布特征不平衡。城镇化与工业化耦合协调度全局 Moran's I 指数检验结果表明，2008—2020 年，指数均大于零，均值为 0.179，且都在 1% 的显著性水平上通过检验，空间格局上呈现正向空间自相关，即耦合协调度存在"高—高""低—低"空间分布特征。如在长三角、珠三角、京津冀等城市群地带城镇化与工业化发展水平较高地区的城市，"两化"耦合协同呈现"高—高"集聚特征，"低—低"型特征分布地区主要集聚在西部或边远地区，"低—高"或"高—低"两型分布的城市较少，这与莫兰指数检验的结果一致。另一方面也说明，我国城镇化与工业化的发展水平呈现出区域不平衡的分布特征。

第三，城镇化与工业化互动协同发展存在明显的空间溢出效应，在工业化后期尤其是城镇化空间载体转型的背景下要充分发挥这一机制的效应。本书利用空间计量模型对全国 275 个地级以上城市的城镇化与工业化协同发展的理论机制及其影响因素进行了实证检验，结果表明，相邻地区的城镇化与工业化发展会带动本地区"两化"协同发展水平的提升。其他影响因素分析表明社会消费水平、城市固定资产投资、财政收入对地区城镇化与工业化协调发展水平具有正向促进作用，且具有明显的空间溢出效应，对其他相邻地区的"两化"协调发展也具有积极影响，城乡收入差距不利于城镇化与工业化协调发展。进入工业化后期，充分发展产业结构升级和产业集聚优势、增加城市社会投资、激发城市消费活力拓展消费需求空间、逐步缩小城乡二元结构差异等对实现我国城镇化与工业化高质量协调发展具有重要的现实意义。

第四节 工业化后期我国城镇化与工业化互动协同发展影响机制的拓展分析

本节主要聚焦于工业化后期阶段，在延续前文研究思路的基础上进行拓展，深入分析我国城镇化与工业化互动协同发展影响机制及区域异质性特征，也对实证模型的稳健性进一步进行考察。样本数据采用2010—2020年我国275个地级以上城市数据，实证策略仍采用经典面板计量和空间计量相结合的方法，同时兼顾东部、中部、西部地区之间的比较，以及与全样本数据间的对比分析。

一 工业化后期阶段我国城镇化与工业化互动协同发展影响机制检验

为便于计量模型回归参数的直接比较，首先选用面板计量模型对工业化后期的城镇化与工业化互动协同发展影响机制进行检验。变量定义与前文相同，其中被解释变量为城镇化与工业化耦合协调度（$coupling\_degree$），其他变量定义具体如表5.1所示。基准模型表达式与第三节相同，模型估计结果如表5.6所示。模型（1）回归结果表示全国的样本数据回归结果，模型（2）—模型（4）分别为东部、中部、西部地区样本的回归结果，采用地区、时间双固定效应模型进行回归。

表 5.6　工业化后期我国城镇化与工业化互动协同影响机制检验

变量名	模型（1）全国	模型（2）东部	模型（3）中部	模型（4）西部
per_patent	0.0136*** (4.90)	0.0548** (2.04)	0.0460*** (5.62)	0.0267** (2.39)
qws_third	0.0423** (2.27)	0.286*** (5.72)	0.0773*** (2.73)	0.0316** (2.05)
upgrade_industry	0.129*** (13.88)	0.0332* (1.77)	0.160*** (10.43)	0.0469*** (2.83)
lnperson	−0.147 (−1.48)	0.0544* (1.44)	−0.162 (−0.46)	−0.0120 (−0.19)
income_gap	−0.0785** (−2.44)	0.0165 (1.28)	−0.0227** (−2.13)	−0.0463** (2.44)
per_fiscal_income	0.0431*** (3.76)	−0.0690*** (−3.95)	0.104*** (3.60)	0.0562*** (2.68)
per_consume	0.0367*** (7.84)	0.0295** (2.40)	0.0573*** (7.38)	0.0912*** (7.85)
per_invest	0.0779*** (6.11)	0.0201 (0.89)	0.0467** (2.13)	0.0504** (2.23)
cons	1.667*** (13.48)	0.689 (0.90)	1.794*** (10.96)	0.708** (1.98)
R^2（within）	0.7895	0.8518	0.7499	0.8473
城市个体	控制	控制	控制	控制
时间年份	控制	控制	控制	控制
N	2200	696	904	600

注：括号中为 t 统计量值；***代表 p<0.01，**代表 p<0.05，*代表 p<0.1。

资料来源：笔者由 Stata 14.0 软件计算所得。

从工业化后期阶段的样本数据回归结果来看，无论是全国范围还是东、中、西部分区域，代表技术创新（per_patent）、产业升级（upgrade_industry）、集聚经济（qws_third）三个变量依然是影响城镇化与工业化互动协同发展的显著变量，城镇化与工业化互动协同发展的理论机制再次得到验证。横向对比来看，东部地区的技术创新水平、产业集聚水平对城镇化与工业化互动协同发展水平的影响明显高于中西部地区，而且东、中、西部地区呈现出依次递减的趋势，定量反映出了东部地区的技术创新活力及经济集聚水平要高于中西部地区。值得注意的是人口数量（lnperson）这一变量，在工业化后期阶段对城镇化与工业化互动协同发展的影响并不显著，这与全样本面板模型回归结果是截然不同的结论。人口规模为什么不是工业化后期阶段城镇化与工业化互动协同发展的主要影响因素，实质上这一结论与第三章理论分析章节结论一致。我国工业化后期的一个典型的经济特征是刘易斯拐点的出现，人口红利消失，从这一视角可以得到具有说服力的解释，理论分析的结论也得到印证。其他控制变量显示，城乡收入差距（income_gap）对"两化"协同发展具有负向影响，结论具有一定的经济意义，工业化后期城乡融合发展成为新型城镇化建设的重要内涵，对于缩小城乡差距促进"两化"协同发展具有重要意义，也是促进"两化"良性互动发展的政策取向。其他动力机制方面人均消费水平（per_consume）、人均投资水平（per_invest）两个变量表明，即使是在工业化后期阶段，消费和投资依然是城镇化与工业化发展的内在动力机制。同时，财政收入水平也是影响城镇化与工业化互动协同发展的关键变量。

二　工业化后期阶段我国城镇化与工业化互动协同发展的空间计量分析

基于前文分析，城镇化与工业化互动协同发展具有空间计量模型的适用基础，尤其是在工业化后期，城镇化与工业化的空间载体联系更加紧密，引入空间因素来讨论城镇化与工业化的发展是实现资源优化配置和空间均衡的重要条件（陆铭，2020）。沿用前文的空间计量杜宾模型构建方法及空间权重设计思路，运用工业化后期样本区间数据，对城镇化与工业化互动协同的影响机制进行检验。模型的估计结果如表5.7所示，模型（1）—模型（4）分别对应的是空间邻接矩阵、经济距离矩阵、地理距离倒数矩阵、经济地理引力矩阵四种空间权重矩阵的回归结果。

表 5.7　　工业化后期城镇化与工业化互动协同发展的影响机制空间计量检验

变量名	模型（1）	模型（2）	模型（3）	模型（4）
per_patent	0.0425* （1.91）	0.0823** （2.19）	0.0420* （1.71）	0.0770* （1.80）
qws_third	0.0668** （2.08）	0.0435* （1.89）	0.0193*** （2.87）	0.0347* （1.81）
$upgrade\_industry$	0.0302** （2.01）	0.0683*** （5.61）	0.0349*** （3.27）	0.0632*** （5.32）
$lnperson$	0.0203*** （2.93）	0.0111* （1.76）	0.00886* （1.89）	0.0102* （1.85）
$income\_gap$	−0.0633 （−0.80）	−0.00962* （−1.79）	−0.00569* （−1.80）	−0.0643* （−1.91）
$perfiscal\_income$	0.0124 （0.60）	0.0154 （0.80）	0.00316** （2.18）	0.00620 （0.33）
$per\_consume$	0.0216* （1.94）	0.00263** （2.42）	0.0596 （2.32）	0.00604*** （2.97）
per_invest	0.0709*** （2.91）	0.00984*** （5.06）	0.00488*** （2.68）	0.00761*** （3.92）
$W\times per\_patent$	0.00469** （2.02）	0.0112** （2.17）	0.00125 （1.94）	0.00112** （2.49）
$W\times quweishang\_third$	0.0489* （1.79）	0.157*** （3.76）	0.248** （2.04）	0.0644* （1.81）
$W\times upgrade\_industry$	0.0375** （2.37）	0.128 （5.78）	0.0772*** （2.68）	0.103*** （4.68）
$W\times lnperson$	−0.0312** （−2.52）	0.00944 （0.78）	0.0171 （0.53）	0.0133 （1.00）
$W\times income\_gap$	−0.0313*** （−3.06）	−0.0572*** （−4.69）	−0.0598** （−2.24）	−0.0688*** （−5.51）
$W\times per\_fiscal\_income$	−0.0335 （−1.34）	0.00931 （0.25）	0.204** （2.14）	−0.00640* （−2.16）
$W\times per\_consume$	0.0193** （2.42）	0.0432** （2.31）	0.0252* （1.88）	0.0338** （2.72）
$W\times per\_invest$	0.0911*** （2.74）	0.0124*** （2.99）	0.0260*** （3.68）	0.0125*** （3.34）

续表

变量名	模型（1）	模型（2）	模型（3）	模型（4）
空间回归系数 Rho	0.559*** (26.31)	0.620*** (23.81)	0.775*** (18.36)	0.647*** (24.29)
$Sigma^2$	0.0172*** (16.19)	0.00165*** (17.36)	0.00163*** (16.10)	0.00162*** (17.23)
R^2（within）	0.7036	0.7434	0.7593	0.7417
Log L	3481.13	35551.64	3692.55	3584.71
N	2200	2200	2200	2200

注：括号中为 t 统计量值；***代表 p<0.01，**代表 p<0.05，*代表 p<0.1。
资料来源：笔者由 Stata 14.0 软件计算所得。

从空间计量模型回归结果来看，空间回归系数 Rho 均通过显著性检验，组间 R^2 值均在 0.70 以上，其他统计指标均通过检验，表明模型拟合效果良好。核心解释变量技术创新水平（per_patent）、产业升级（upgrade_industry）、经济集聚水平（qws_third）均对城镇化与工业化的互动协同发展起到积极的促进作用。消费水平（per_consume）、投资水平（per_invest）对城镇化与工业化发展的正向促进作用明显，显然也是城镇化与工业化互动协同发展的内生动力。城镇化与工业化互动协同发展存在正向溢出效应，即本地区的城镇化与工业化互动协同发展不仅会形成自促进机制，也会对其他地区产生正向促进作用。这种空间溢出效应机制为工业化后期我国新型城镇化与新型工业化空间均衡发展提供了理论依据和政策方向。

第五节 本章小结

本章试图将空间地理因素引入城镇化与工业化的互动协同发展机制的分析框架，主要基于空间计量模型对我国城镇化与工业化互动协同发展的影响机制进行了实证检验。首先，对空间计量模型的适用性及其理论基础做了介绍，为保证模型的稳健性，构建了空间邻接矩阵、地理距离矩阵、经济距离矩阵、经济地理引力矩阵四种空间权重矩阵，结合空间杜宾模型（SDM）对城镇化与工业化互动协同发展的理论机制及其影响因素进行了实证检验。空间自相关检验表明，变量的 Moran's I 指数空间相关性检验结果显示，被解释变量"两化"耦合协调度呈现出"高—高""低—低"集聚分布特征，产业结构升级、区域技术创新、产业集聚等其他核心变量均具有空间自相关特征，而且这为空间计量模型的适用性提供了事实依据，从而说明了我国城镇化与工业化发展的区域局部不平衡特征。实证结论表明，核心解释变量产业结构升级、区域创新水平、产业集聚度对"两化"耦合协同发展水平具有显著的促进作用，城镇化与工业化互动协同发展的理论机制得到验证。从其他解释变量及控制变量回归结果及特征来看，社会人均消费水平、社会投资、财政收入水平等变量都是影响城镇化与工业化互动协同发展的积极因素，城乡收入差距负向作用明显；这些结论在四种空间权重矩阵对应的实证模型分析结果来看具有一致结论，说明实证模型具有较好的稳健性。从空间溢出效应分析来看，城镇化与工业化耦合协调度及其他核心解释变量存在显著的正向溢出效应，即各地区城镇化与工业化的发展水平不仅受到本地区的影响，也会受到其他地区的影响，这种空间溢出效应是缩小地区之间的城镇化与工业化发展水平的重要因素。

为了进一步考察工业化后期阶段我国城镇化与工业化互动协同发展的影响机制及区域间的异质性特征，运用 2010—2020 年数据对城镇化与工业化互动协同发展的机制与效应进行了检验。研究发现，基于"技术创新—产业升级—集聚经济效应"的研究框架依然成立，三个核心解释变量通过显著性检验；工业化后期人口规模这一变量并没有为城镇化与工业化协同发展带来积极的促进作用，这一发现一定程度上解释了刘易斯拐点带来的负面影响；东部、中部、西部地区间核心解释变量的影响机制存在显著差异；空间溢出效应机制为新型城镇化与新型工业化空间均衡发展提供了理论依据和政策方向。

第六章　工业化后期城镇化与工业化高质量发展的国际经验借鉴及启示

工业化后期，城镇化与工业化依然是我国经济发展的两大引擎，我国正面临着实现工业化和推进城镇化高质量发展的关键阶段，如何完善城镇化与工业化协同发展的良性互动机制，形成配套的政策举措，是目前亟待解决和重点关注的经济和社会问题。对于已经完成工业化和城镇化的发达国家，各自的实现路径机制、经济基础存在较大差异，但发达国家城镇化与工业化发展的一般规律及其主要推进机制对我国具有一定的参考价值。本章首先梳理英国、美国、日本、韩国等典型发达国家在工业化后期城镇化与工业化协同发展的推进机制，总结可借鉴的经验及启示，进一步构建形成我国新型城镇化与新型工业化良性互动机制。

第一节　典型国家工业化后期城镇化与工业化发展历程

一　英国工业化后期城镇化与工业化的发展

英国是工业革命的发源地，也是世界上第一个完成工业化和城镇化的西方发达国家，其发展特征具有典型的借鉴意义。英国的工业化从 18 世纪 60 年代开始，即从第一次工业革命发生开始，大约持续到 20 世纪初，可分为三个阶段。第一阶段是 1760—1840 年，初步发展成为一个工业化国家，产业发展主要以农业转向棉纺织业等轻工业为主；从产业组织来看，工业部门由家庭生产为主体的生产方式转换为

第六章 工业化后期城镇化与工业化高质量发展的国际经验借鉴及启示

现代工厂组织形式，企业成为市场的主体。第二阶段为 1841—1950 年，这一阶段英国的工业化受到第二次工业革命的影响转向重化工业的发展，关联产业得到快速发展。到 1950 年英国的工业化比重达到峰值，工业产值比重占 47%，以后出现下降的趋势，现代服务业比重维持在 25% 左右。第三阶段为 1950 年以后的时间段，英国基本上完成工业化，并继续深化工业化发展，逐步进入服务业经济主导时代。

英国的城镇化与工业化进程基本同步，工业化过程前后都伴随着大规模的城镇化，在工业化前期 1750 年左右，英国的工业化率和城镇化率均为 21%，1801 年城镇化率为 33.8%，工业化率为 23%，到 1851 年城镇化率达到 54%，用了大约 100 年的时间，初步实现了城市化。城市人口从 1750 年的 130.3 万人上升到 1801 年的 354.9 万人，1851 年达到 1124.1 万人，到 1901 年城市化率达到 77%，实现了高度城市化，英国的工业化与城镇化进程如图 6.1 所示。

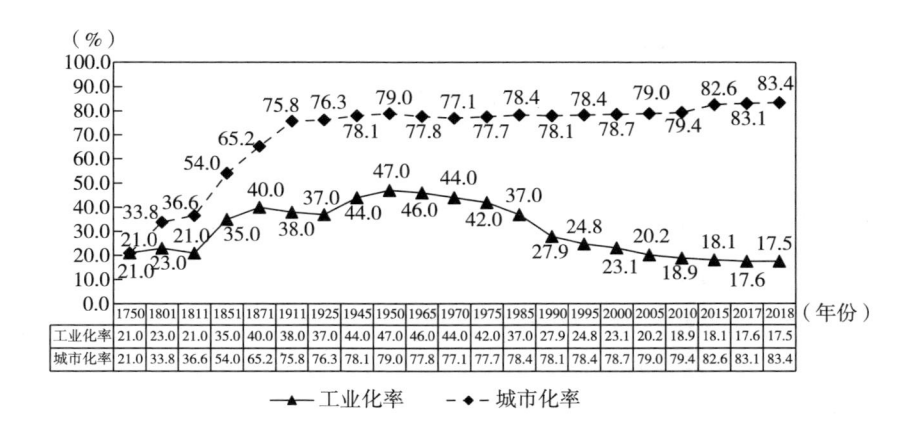

年份	1750	1801	1811	1851	1871	1911	1925	1945	1950	1965	1970	1975	1985	1990	1995	2000	2005	2010	2015	2017	2018
工业化率	21.0	23.0	21.0	35.0	40.0	38.0	37.0	44.0	47.0	46.0	44.0	42.0	37.0	27.9	24.8	23.1	20.2	18.9	18.1	17.6	17.5
城市化率	21.0	33.8	36.6	54.0	65.2	75.8	76.3	78.1	79.0	77.8	77.7	77.1	78.4	78.1	78.4	78.7	79.0	79.4	82.6	83.1	83.4

图 6.1　英国工业化进程中的城镇化发展趋势

资料来源：笔者绘制，1990 年前数据参见米切尔《帕尔格雷夫世界历史统计（1750—1993）》，贺力平译，经济科学出版社 2002 年版；1995 年后数据来自世界银行数据库（The World Bank Database）。

20 世纪 50 年代英国基本实现工业化，进入工业化后期，城镇化与工业化的发展基本协调。20 世纪时，英国城镇化水平接近 80%，城乡差别逐渐消失。但城镇化与工业化的发展呈现出一些新的特征，从就业结构来看，农业就业比重逐步下降，1901年为9.1%，工业就业比重基本维持在50%左右。农业转移劳动力大部分流向第三产业，从事商业、金融、交通等现代服务业劳动力比重不断增加。这一时期，随着工业的发展，产业结构不断演进升级，工业和服务业占据国民经济的主要部分，到1909年，英国的农业、工业和现代服务业产值比重分别为6%、43%、25%，工业和服务业成为经济发展的主要构成部分。工业化后期的城镇化发展，除了城市数量在增加外，规模也不断扩大，工业制造业和现代服务业在城市集聚，英国在这一时期形成了一批城市群，主要包括大伦敦城市群、兰开夏东南部城市群、西米德兰城市群、西约克城市群、莫西地带城市群和泰因地带城市群，这六大城市群人口数量占英国总人口的50%以上，城市集聚经济特征显现。与此同时，城市功能更加完善，早期的英国城市主要是政治、行政和宗教中心，工业化时代的城市功能更具有经济特性和多样性，成为生产、生活、文化娱乐、教育和社交的中心。英国的城镇化发展历程总体上可以概括为从"集中型城镇化"到"分散型城镇化"，工业化后期通过发展卫星型小城镇形成了分散型城镇化的格局，主要包括三种类型，即出现在农村地区的农村小镇、田园城镇及新城建设，新城建设也成为"新城运动"，是为缓解中心城市压力及城市低收入人员的居住问题而发起建设的。

二 美国工业化后期城镇化与工业化的发展

（一）美国工业化后期工业化的深化发展

19世纪80年代，以电力、化学、石油提炼、汽车和飞机制造为标志的第二次工业革命加速了美国的工业化进程，使得美国基本实现工业化。按照本书对工业化四个阶段的划分，1920年左右，美国进入工业化后期。这一阶段工业化增速放缓，三次产业结构中，第二、第三产业的产值占95%以上，非农劳动力占87%左右，其中第三产业就业比重超过50%，城市化水平达到64%。这一时期，美国工业化保持了较好的发展态势，工业化进入技术集约化发展阶段，技术进步取代资本投入成为工业增长的主要源泉。同时，伴随着第二次世界大战结

第六章 工业化后期城镇化与工业化高质量发展的国际经验借鉴及启示

束和第三次科技革命的爆发,美国在电子计算机、原子能、空间技术等领域获得快速发展,社会、经济结构发生变化,第三产业快速发展,第一、第二产业比重逐步下降。自20世纪80年代开始,工业在美国国民经济中的地位开始降低,大量投资转向海外,工业品在国际市场的竞争力日益下降。在这样的背景下,美国开始推进再工业化战略,希望通过刺激经济增长实现旧工业部门复兴,鼓励新工业部门增长。1980年后,美国经济虚拟化问题进一步凸显,虚拟经济超过实体经济,制造业逐步被边缘化。经济全球化的快速发展以及新兴工业国的崛起,使得美国制造企业转移至其他成本较低的地区,制造业产值下降,就业人口减少。美国政府逐步意识到信息化对其制造业改造的重要作用,加快信息技术研发,依靠其引领的新一轮产业创新力求实现自身制造业的转型升级,对半导体、计算机软硬件等主导产业相关的信息技术,持续投入较大的资金支持,并逐渐将军事、科研等领域取得的研究成果应用到制造业、服务业等领域,以此带动工业化提升。

20世纪90年代开始,随着信息技术的发展,信息化与工业化不断融合,以及美国再工业化战略的实施,美国的工业化得到不断深化。1992年,美国提出"信息高速公路"计划,力求实现企业、科研机构、高校之间的信息交换,带动信息产业发展;加强信息技术与新兴产业的融合,并向电子政务、工业生产、国民教育等诸多领域渗透,使得美国成为全球的新兴产业中心和科技孵化中心。信息高速公路不仅改变了人作用于劳动对象的生产方式,管理思想、管理方式发生变化,社会产业结构加速变革,而且还带动其他产业的发展,如IT产业、半导体产业、通信产业等。在工业化后期阶段,美国的IT产业逐步成为主导产业,为其经济增长做出突出贡献,逐步成为推动经济发展的主要因素,保证该阶段美国能以3%的速度获得经济持续增长,同时,出现一批国际知名的IT企业,为美国在之后引领世界信息化的发展方向奠定基础。2008年爆发国际金融危机后,不少学者提出其深层次的原因是美国以制造业为主的实体经济创新不足。为了走出金融危机,重振"美国制造",使之成为刺激经济、恢复竞争力的抓手，美国推出一系列发展战略。其中，与信息化与工业化融合的相关战略有"国家宽带计划"（2010）"联邦云计算战略"（2011）"大数据的研究和发展倡议"（2012）和"工业互联网"（2012）等。借助于移动互联网、大数据、云计算等新一代信息技术，美国不断推进信息化与工业化的融合发展，信息技术与3D打印技术结合，个性化和定制化产品的制造门槛大为降低。部分大型互联网科技公司正在积极研发智能产品，引起传统制造企业的极大关注。依托大数据、物联网等技术的智能系统平台及制造机器人等自动化设备实现自动化制造。通过大数据分析实现最终用户对其设备进行追踪和检测，并控制运营和维护成本。在这个阶段，美国信息化与工业化已实现较高程度的融合，再工业化战略配合信息化战略共同推进经济增长，工业互联网、云计算、物联网等产业已成为美国新的经济增长引擎。

（二）美国工业化后期城镇化的发展

美国的城镇化在世界上具有代表性，在城镇化过程中形成了以城市群为主体、多层次的城市体系。美国的城镇化主要受到外来移民、国内北美地区的消费增长内需扩大、制造业大规模生产等因素的影响，但最主要的是工业化带来的制造业迅猛发展。城市人口比重从1870年的25%上升到1920年的50%，这一时期也是美国工业化快速推进的50年，成为世界上头号工业强国。美国进入工业化后期，制造业占GDP比重开始下降，工业化对经济增长的贡献开始下降，但服务业比重持续上升，使城镇化保持了上升态势，到1960年，美国的城镇化率达到70%。这一时期美国的城镇化还表现出两个显著特征，即大都市化和城市郊区化（也称为"逆城镇化"），出现城市市区人口向郊区迁移或者大城市的人口向卫星城市迁移的现象。由于郊区具有较低的经营成本、良好的发展空间和生态环境，制造业、城市工商业也不断向郊区转移，使工业从集中走向相对分散，也是城镇化向纵深发展的结果。城镇化过程中的逆城市化分散不仅缓解了中心城区人口密集、交通拥塞、环境污染等城市问题，也使得中心城区完成了从工业经济向服务经济转型，成为经济和商务中心。同时，中心城区对外围区域的辐射作用和扩散效应，使周边区域迅速出现了大量中小城市和小城镇，大都市圈和城市连绵带逐步形成。

工业化后期，即1920—1970年，依然是美国城镇化快速发展阶段，这期间美国政府转变角色、制定与城市增长政策，成为美国城市化发展的重要推动力量。尤其是在经济大萧条时期造成了美国城市化危机，城市人口和产业增长停滞，同时，城镇化中后期也出现了如城市无序扩张、结构失衡、土地资源浪费等问题。美国是市场经济典型国家，坚持主张市场主导调节经济，由于政治体制的因素，政府对经济干预力量有限。面对城镇化过程中出现的问题，美国政府采取一系列有效应对措施，具体来看，主要包括以市场机制为基础，重视政府政策及法律法规的权威约束性作用，以及社会公众参与的力量。如为解决大量进城人口住房问题，政府出台了《临时住房法案》《公共住宅法》《民权法案》等。同时，形成了公众参与机制，如发挥非政府组织的作用，汲取专业建议，与各类市场主体形成城市发展建设联盟等。

三 日本工业化后期城镇化与工业化的发展

日本的工业化过程经历了四个阶段。第一阶段是轻工业快速发展阶段，时间从明治维新到第一次世界大战爆发（1868—1918年），这一阶段主要依靠扶持农业来促进城镇化和工业化的发展，通过引进国外先进技术和机器设备，重点促进轻工业发展，培养国营现代工业企业。第二阶段是在两次世界大战之间（1919—1945年）。由于战争需要，与军事相关的重工业取代了轻工业，工业化得到快速发展，同时带动城镇化的发展，劳动力快速向重工业城市集中，形成了四大工业带，即京滨工业带、中京工业带、阪神工业带、北九州工业带。第三阶段是工业化初步完成阶段，时间从第二次世界大战结束到20世纪80年代（1945—1980年）。期间日本产业结构不断优化、调整，并逐步向新兴产业领域扩张，如改造和重建了重型电动机、钢铁、汽车、造船等传统工业部门，同时兴建了石化、化纤、电子设备等新兴工业部门，形成了以重化工业为中心的工业体系，创造了经济增长速度两倍于其他发达国家的"日本经济奇迹"。第四阶段是再工业化阶段，时间从20世纪90年代至今。在2001年之前，日本经济受到经济泡沫影响进入暂时的萧条，经济增长进入"瓶颈"；后期得益于制造业的再度发展，日本的高科技产业在此获得发展，特别是在新技术与工业的融合领域，如电器、数码、电脑等，呈现出较好的高技术融合发展态势，推动了日本经济的恢复与发展。

20世纪50年代，日本进入工业化后期，经济发展由快速工业化切换到快速城镇化，1955年城镇化率达到56.1%，到1970年上升至72.1%，1980年城镇化率为76.2%，成为高度城镇化国家。得益于第二次世界大战后的工业化浪潮，产业结构快速升级，吸纳了大量农业劳动力向非农部门转移，并在城市聚集，逐步形成了以东京、大阪和名古屋为核心城市的都市圈。在空间上，工业产业带与都市圈重合，有力地促进了本国经济要素在空间集聚。

日本的城镇化与工业化的互动发展在发达工业化国家中开始较晚，但是完成最快，主要原因如下：一是扶持和保护符合动态比较优势的主导产业发展。城镇化与工业化的协同发展离不开产业的支撑，在主导产业的甄别和选择方面，日本主动创造条件，发展符合自身比较优势的产业，这种比较优势不完全拘泥于静态。在工业化前期，日本利用本国丰富的劳动力资源，发展轻纺工业化快速实现了初步工业化。随着资本的积累和国际市场需求的变化，重工业发展条件成熟，1901—1938年，日本大力发展重工业化，产值年均增长率达9.8%。战后日本经济恢复以及工业化高速发展阶段，没有选择劳动力素质较高的静态优势产业，工业化进程中产业发展并未遵循从轻工业到重工业的次序。学者们认为虽然日本资本和资源匮乏，但比较优势可以动态变化，可以重点扶持资本密集型产业进而促进工业化的发展，因而日本政府对煤炭、钢铁、电力、造船等基础工业部门和合成纤维、石油化工、机械电子、汽车工业等产业进行重点扶持和保护。主导产业对经济增长的贡献快速推动了日本经济的发展，20世纪80年代，日本人均GDP超过英国和美国，成为发达工业化国家。二是重视技术创新的作用。日本是一个资源匮乏的国家，工业化过程中大量的技术都是从国外引进、消化和创新的，通过立法形式鼓励企业进行技术创新和技术引进。因此，日本的重工业发展一开始就接近国际先进水平，所以产业发展在国际市场具有很强的竞争力。三是发挥政府的推动作用。日本城镇化和工业化进程中，政府通过产业政策起到了积极的推动作用，采取金融、财政、贸易等各方面政策举措扶持重点企业和刺激经济发展，并通过立法的手段保障实施。四是实行外向型的经济战略。从工业化初期开始，日本就立足国际市场，利用轻工业品换取所需的工业原料和技术，重工业品成为日本出口的主要产品，即使在工业化后期，在重点发展的知识密集型和技术密集型产业中，也依然保持外向型的发展战略。

四 新兴工业化国家韩国工业化后期城镇化与工业化的发展

韩国的工业化起步较晚，直到1948年摆脱日本殖民地统治才开始推进工业化，但韩国的工业化进展十分迅速，用了30多年的时间实现了老工业化国家花费一两百年达到的工业化水平。20世纪50年代到60年代，是韩国工业化的初期阶段，韩国借助战后援助和发达国家的工业转移，逐步发展纺织、制糖、粮食加工等基础产业。20世纪60—80年代，是韩国工业化的快速发展阶段，这主要得益于韩国大力引进先进技术的科技发展路线，依靠技术推动工业化发展。第三阶段，即工业化的后期阶段，是从20世纪80年代开始的，韩国的产业结构不断升级，服务业比重开始超过工业，逐步从重化工业向服务业转变。韩国政府重视产业结构优化，追求技术立国，发展技术密集型产业，逐步形成了一批具有国际竞争力的产业，如半导体、家电、汽车、石油化工、造船等，以及形成了一批新兴产业如信息技术、游戏、纳米技术、生物技术产业等。

进入工业化中后期，在工业化的推动下，韩国的城镇化得到了快速发展，尤其是政府奉行"工业为主、大企业为主、大城市为主"的发展战略，重工业的发展为韩国的城镇化做出了巨大贡献。在政府主导发展战略下，依托工业化，优先发展大城市，城镇化表现为人口高度集中的大城市模式。韩国没有发展乡村工业，依托原有城市实行工业的集中布局，建立工业园区，将工业主要集中到城市，城镇化的过程中产业集聚效应促进了工业化的发展。同时，1970年开始的"新村运动"推动了韩国城镇化发展，开创了农村现代化的"韩国模式"。城镇化率从1960年的28%上升到1987年的78%。

工业化后期，韩国的信息产业发展及信息化建设对城镇化与工业化互动发展发挥了重要的驱动作用。20世纪80年代后，制定了连续性的产业政策，实现了以重工业为主导的传统产业向以信息技术产业为主导的新兴产业转型。如1986年制订的《面向2000年的科学技术长期计划》，1994年出台的《韩国科技发展长期计划》，大规模的投资倾向于计算机、半导体、通信、软件等行业。21世纪后韩国出台了《促进信息化基本计划》《网络韩国21世纪》等文件。涌现出了以三星电子、现代集团、LG电子等集团企业为核心的研发机构，在存储芯片、个人电脑、显示器、手机等领域掌握了核心关键技术。信息技术的快速发展不仅为韩国的工业现代化发展创造了条件，也为城镇化发展提供了机遇，以信息产业发展推动智慧城市建设，2006年，韩国出台了U-Korea计划，旨在通过信息技术产业发展和智能网联建设建立无处不在的社会（Ubiquitous Society），提出了智慧城市的五大战略目标，包括智慧政务、智慧科技园区、再生经济、智慧安全社会环境、智慧化定制服务等，打造以首尔为核心的智慧城市样板。

第二节　发达国家的经验启示与我国"两化"良性互动机制构建

一　发达国家工业化后期城镇化与工业化互动协同发展的经验启示

从以上英国、美国、日本、韩国四个典型发达国家在工业化后期城镇化与工业化的发展状况来看，各个国家由于资源禀赋、历史背景、经济环境等条件的不同，城镇化与工业化协同发展机制也存在较大差异，但各自在实现工业化和城镇化过程中的经验启示，值得为我国工业化后期城镇化与工业化良性互动的推进机制的构建提供借鉴和参考。

第一，发达国家的城镇化与工业化呈现相互促进、同步发展的状态。工业化是城镇化发展的原动力,在提高劳动生产率的同时,带动农村劳动力非农化转移,劳动力、技术、资本等生产要素及产业的空间集聚促进了城镇化的发展。同时,城镇化的发展能够集聚人群,扩大消费需求,促进产业结构升级,为工业化的发展提供市场空间,也为工业化的发展提供了技术和资金支持。城镇化与工业化的协调发展是发达国家经济持续增长的内生动力,从典型发达国家的"两化"发展过程来看,两者均处于协调发展的态势,这也是发达国家实现工业化和成功完成城镇化发展的重要条件,一定程度上避免了因过度城镇化而导致的"城市病"以及资源配置扭曲现象的发生。我国的城镇化长期滞后于工业化的发展,这一点长期以来饱受诟病,也是在工业化后期与新产业革命机遇下需要重点解决的问题。

第二,资源禀赋、经济基础不同,工业化后期城镇化与工业化发展的模式多元化。从上述不同国家的城镇化与工业化在工业化后期的发展来看,由于历史背景、经济基础等因素的差异,"两化"协同发展的路径和推进机制并不一致。英国作为世界上第一个完成城镇化和工业化的西方发达国家,城镇化和工业化持续了几百年时间。美国的"两化"发展得益于直接引进技术和人才资源,发挥了后发优势。日本在工业化过程中的产业发展并没有遵循先轻工业发展再到重工业发展的次序,而是遵循了动态比较优势。而韩国利用了短短三十几年的时间完成了工业化和城镇化进程,技术引进以及政府的推动发挥了不可替代的作用。城镇化与工业化作为国家现代化进程的重要驱动力量,必须立足本国国情或区域发展的实际情况,选择适合本国实际的发展道路。

第三,重视技术创新的作用。任何国家的城镇化与工业化发展都离不开技术创新的拉动作用,发达国家工业化进程与技术创新的联系十分密切,技术来源不仅来自本国的自主创新,同时也源于国际技术引进。英国的工业化进程经历了200多年,也是第一次工业革命的发源地,工业革命所引发的技术进步是工业化的重要驱动力。同样,美国、日本、韩国的工业化与城镇化进程中,除重视本国的技术创新之外,依靠大量的技术引进而崛起成为世界工业强国。第四次工业革命背景下，正是技术创新频发的窗口期，以新一代信息技术为代表的突破性技术创新正在加速推广应用，将为我国深化工业化与城镇化发展提供重要的战略机遇。

第四，发挥政府引导与市场力量的双重作用机制。发达国家的经验表明，工业化与城镇化的发展并非单一市场机制作用的结果，两者本身是一个复杂的经济系统，涉及政治、经济、社会等多个方面，必要的国家干预和经济政策是工业化与城镇化健康发展的关键因素，针对工业化不同阶段出现的问题及时调整政策，运用法律、行政和财政等手段弥补市场机制的不足。如英国早期的工业化带来严重的"古典城市问题"，对于城市问题的治理政府通过出台政策法规，建立公共管理机构等一系列措施对改善人民生活、缓和社会矛盾、促进经济发展起到了积极作用。此外，制度创新在城镇化与工业化过程中也是不可或缺的部分，制度特点决定了城镇化与工业化路径，无论是英国还是美国，"两化"协同推进的进程中都在不断进行制度创新，既包括民主政治制度及市场机制的管理制度，也包括企业生产组织方面的管理制度。我国正处于实现工业化的关键时期和城镇化高质量发展的中后期阶段，在完善各项市场制度的基础上，还要发挥政府的引导作用，实施必要的政策支持，确保城镇化与工业化协调推进。

二 完善我国城镇化与工业化发展的良性互动机制构建

借鉴发达国家的经验，依据城镇化与工业化互动协同发展的理论机制，充分认识工业化后期与新产业革命交汇背景下我国新型城镇化与新型工业化面临的机遇与挑战，首先需要完善我国城镇化与工业化良性互动机制构建，进一步形成具体的推进措施和路径。实现城镇化与工业化的良性互动，既要发挥市场在资源配置中的决定性作用，也要依靠政府政策支撑和制度保障。理论机制层面，城镇化与工业化互动协同发展本质上是技术创新、产业结构升级、集聚经济效应三者之间相互作用的结果，良性互动机制的构建重点围绕加快技术创新、推动产业结构升级、增强经济的集聚性效应等方面，针对目前我国城镇化与工业化发展过程中存在的问题，结合"两化"互动的影响因素，形成有效的应对机制。

(一) 充分发挥市场作用, 构建要素资源优化配置机制

新型城镇化发展本身就是要素资源空间配置过程 (杨充霖, 2014), 城乡区域间、产业间以及不同地区间的要素流动是城镇化与工业化互动协同发展的动力基础, 实现要素资源优化配置离不开市场体系的完善。从工业化与城镇化互动协同发展的一般规律来看, 高端市场要素会向基础设施完善、产业优势明显、交通便捷的城市和中心城镇集聚, 要素和产品的自由流动也更为明显。工业化后期, 由于工业制造业向城郊及城镇转移和城乡融合发展构建新型城乡关系的需要, 城市与乡村间的要素流动要利用市场的作用, 改变过去农村优质要素单向流向城市的局面, 形成城乡要素双向流动的格局。要建立市场激励机制, 推动城乡之间的劳动力资源、人才资源、金融、技术、信息等要素双向流动, 鼓励城市资本、人才入乡, 形成城乡之间相互依托、互为市场, 建立符合市场经济规律的城镇化与工业化互动机制。城镇化与工业化的发展是一项系统工程, 要素资源配置过程中的市场约束机制不可或缺, 如生态环境倒逼机制条件下的排污权交易制度、要素资源比价合理化的价格体系制度、社会及环境成本分担机制等。同时, 加强市场法律法规和制度的落实, 改善优化市场环境, 推动市场竞争机制的完善。

(二) 构建"两化"良性互动的产业支撑机制

产业发展是新型城镇化与新型工业化互动发展的重要基础, 工业化过程中产业链的延伸和工业产品对市场的开拓是推动城镇化的核心动力。城镇化的集聚功能一方面为产业发展及转型升级创造了条件, 另一方面没有产业支撑的城镇化只是外延式的扩张, 谈不上质量和内涵的提升。第一, 要遵循动态比较优势甄别出有利于地区经济可持续发展的主导产业, 作为城镇化与工业化发展的支撑载体, 因势利导优化产业结构, 促进产业间和产业内部之间的关联和协调水平的提高。整体上, 我国的产业结构呈现出服务业主导、工业制造业并重发展的格局, 地区产业发展存在差异, 但应遵循工业化后期的产业发展规律。工业化后期, 我国工业化内部结构发生了变化, 制造业正由资本密集型产业向知识技术密集型产业转换, 主导产业转为以高端装备制

造、汽车等为代表的高技术制造业。促进第二产业内部结构调整和优化是工业化深化发展与质量提升的主要途径。第二，加快传统产业的技术改造升级。具有价值链的增值能力和竞争力的传统产业，进一步延长价值链环节，向生产性服务环节延伸，促进制造业服务化转型。充分利用信息技术促进信息化与工业化的融合发展，鼓励新业态、新模式的发展。第三，要有重点地选择发展高新技术产业。大力发展第三产业，加大第三产业的投资力度，鼓励更多的社会资源流向第三产业。大力发展信息服务、商务服务、科技服务等新型服务产业，推动工业化与城镇化的协调发展。

（三）完善城镇化与工业化良性互动的制度保障机制

无论是从发达国家工业化与城镇化的发展历程还是我国的具体实践，城镇化与工业化的互动发展都离不开政府的引导调控，尤其是在政策的建立方面发挥着重要作用，利用法律、行政、财税等手段来弥补市场机制的不足。工业化后期，我国推进"两化"良性互动的制度保障机制构建应包括以下五个方面：一是要加快户籍制度改革与政策落实。近年来，我国的户籍制度改革力度逐步加大，国家发改委出台的《2019年新型城镇化建设重点任务》明确指出城区人口在300万以下的大城市要全面取消落户限制。要进一步推进我国农业转移人口市民化，打破产业、非农业户口管理的二元结构，建立城乡统一的户口登记制度。在质量型城镇化的推进过程中，首先要破除劳动力及人才资源流动的制度碍障，户口制度的改革与政策落实是解决转移劳动力进城落户的重要条件。二是提高城镇建设用地利用和保障制度。科学保障发展所需的建设用地需求，鼓励用活存量土地。科学配置土地资源，优先保证重点项目、重点企业、重要产业、重要基础设施和重要城市新区的用地需求，确保农用地转用年度指标向重点项目倾斜。规范推进农村土地管理制度改革，稳步推进城乡建设用地统一市场建设。建立和完善工业用地"招拍挂"出让和租赁、退出机制。三是加大资金保障力度，完善投融资体系。建立多元可持续的资金保障机制，尝试建立城镇化发展专项资金，加大政府的资金支持；制定优惠政策，吸引社会资本参与城镇化建设；改革金融体制，鼓励各商业银行积极稳妥地拓展各种适合城镇化发展的信贷业务。四是加强环境保护治理制度。绿色化是新型城镇化与新型工业化发展质量的重要体现，加强污染治理，减少污染排放，防范环境风险，提高城镇环境质量，增强综合竞争力，为工业化与城镇化良性互动发展提供环境支持。建立资源型企业与资源性城市可持续发展准备金制度。五是完善其他配套制度改革。构建城乡一体化的社会保障体系、基础设施建设发展机制，完善城乡就业保障制度、公共服务普惠共享等制度保障。

第三节　本章小结

本章通过对典型发达国家工业化后期"两化"互动协同发展历程进行总结，以期形成我国完善工业化后期"两化"良性互动机制构建的经验启示。选择英国、美国、日本、韩国四个典型发达国家，对其工业化后期"两化"互动发展的历程进行了梳理。英国是世界上第一个完成工业化和城镇化的国家，城镇化与工业化基本同步发展，19世纪70年代以来英国进入工业化后期，形成了以城市群发展为特色的城镇化路径，经济趋于服务化转型，城市经济成为经济发展的主要载体。工业化后期的美国城镇化与工业化互动特征明显，信息化与工业化、城镇化的融合程度加深，城市群、中小城市、卫星城镇等多层次的城市体系发展以及逆城市化的出现，形成了对工业化后期工业经济发展的巨大市场拉动作用。日本是一个产业政策运用非常成功的国家，该国工业化的发展路径并不是按照轻工业优先发展，而后发展重工业的路径，而是根据动态比较优势决定产业发展方向，工业化后期的日本经济发展由快速工业化切换到快速城镇化，同时注重技术创新和政府的政策作用。韩国是新兴工业化国家的典型代表，工业化过程时间较短，用了三十多年的时间完成了老工业国家一两百年的工业化发展水平，这与政府奉行的"工业为主、大企业为主、大城市为主"发展战略密切相关，体现了城镇化与工业化融合发展的路径机制。

通过对发达国家工业化后期的"两化"互动协同发展的历程分

析，可以得出以下结论：虽然各个国家的经济基础、制度环境等因素存在差异，发展路径及推进机制多元，但城镇化与工业化相互促进、协同发展是客观存在的普遍规律；重视和充分发挥技术创新、政府引导机制在城镇化与工业化发展过程中的作用。基于对发达国家工业化后期"两化"协同发展的机制分析，提出了完善我国城镇化与工业化良性互动机制的构建思路：一是要重视市场的作用，实现城镇化与工业化发展的要素资源配置；二是建立"两化"良性互动的产业支撑机制；三是要完善城镇化与工业化发展的制度保障机制，如我国的户籍制度、土地制度、资金保障制度、环境保护治理等政策制度的配套完善。

第七章　工业化后期我国城镇化高质量发展及深化新型工业化的推进机制

经过改革开放40多年的快速发展，我国整体上已步入工业化后期阶段，我国工业化进程的经济发展特征正在发生改变，正从高速、低成本、出口导向、不平衡的发展"旧常态"向中高速、基于创新的差异化、内外需协调和区域平衡发展"新常态"转变。城镇化也由高速粗放外延式发展向以人为本、集约发展、福利共享、生态高效的新型城镇化转变。城镇化与工业化两大经济引擎的发展方式的转变以及良性互动机制的形成能否实现，事关我国能否顺利走完工业化后期阶段，进而实现工业化。与此同时，随着物联网、大数据、云计算、人工智能等新一代信息技术的快速发展，正加速推进新一轮产业革命与我国工业化后期形成历史性交汇，对我国城镇化与工业化互动协同发展是不容忽视的重要因素。基于此，本章从第四次工业革命的视角出发，分析新产业革命对我国"两化"互动协同发展的影响机制，进而提出了工业化后期我国新型城镇化与工业化发展机制的创新思路。

第一节　第四次工业革命对我国"两化"互动协同发展的影响机制分析

一　第四次工业革命的内涵及技术经济特征

在分析第四次工业革命对我国新型工业化与城镇化影响的作用机制时，有必要对新工业革命的内涵及主要特征进行准确的把握。需要指出的是，由于研究目的及视角的不同，当前理论界尚未对新工业革命有统一的界定，由于划分方法的不同，主要存在"第三次工业革命""第四次工业革命"之争。对于新工业革命的界定目前主要从生产领域的制造技术革命性变化以及从通信与能源技术结合的变革来考察。基于新一轮工业革命的认知，尤其是对我国城镇化与工业化的影响，本书沿用了著名经济学家施瓦布（Schwab，2016）、社科院工业经济研究所等研究成果（刘湘丽，2018；张其仔，2018）的划分方法，以（移动）互联网、大数据、人工智能等新一代信息通信技术的广泛应用为主要标志，以网络化、信息化与智能化的深度融合为核心内容，引起人们生产生活方式发生深刻变革的过程。在没有特别说明情况下，本书所提到的"新工业革命""第四次工业革命"所指的语义内涵相同。

对于第四次工业革命的技术经济特征的认识不能仅停留在人工智能、5G、3D打印、大数据、云计算、物联网等个别技术的突破性创新应用层面，对于工业化与城镇化的进程中的技术创新应用而言，更要厘清一系列新一代信息技术对制造业技术创新和扩散应用乃至工业化进程所产生的系统性影响。第四次工业革命的技术结构特征主要表现为以下四个层次：第一层次是以通用目的技术为代表的底层技术的创新和发展。这些技术可能并不起源于工业制造业领域，但随着技术的发展和使用条件、应用场景的成熟，这些技术取得创新突破并在大范围的应用推广成为现实。如人工智能技术诞生于20世纪50年代，但近年来才得到快速发展和广泛应用，不仅是因为机器学习、神经网络、大数据等相关技术的日趋完善，还有计算机运算能力的提高、互联网技术数据处理能力的大幅度提升。新工业革命的第二层次技术体现为以数字化、智能化技术为代表的智能终端产品、新兴生产制造装备或工具的出现，如3D打印机、智能机器人、无人机等。这些产品或生产制造工具的出现，不仅能够显著提升工业生产效率，而且改变了生产制造方式，其中3D打印以增材制造的方式使得大规模个性化定制生产成为可能，而传统的大规模生产的生产线是无法实现的。第三层次技术是集成了现代信息技术与生产制造技术的智能化生产制造系统的形成。随着新一代信息技术的发展和在工业制造领域的渗透应用,柔性制造系统(FMS)、计算机集成制造系统(CIMS)、制造执行系统(MES)等信息化制造系统得到广泛应用。这些现代生产制造系统是工程制造技术与信息技术的结合,这个层次的技术创新决定了人、生产设备、组织管理与生产流程等方面的重新配置与组合。工业生产效率提升不仅来自技术本身,也包括管理方式与产业组织结构的创新。新工业革命的第四层次技术是工业互联网的产生与广泛应用。德国工业4.0的核心就是工业化互联网,一方面通过工业以太网将智能元器件、生产设备、智能化生产制造系统连接起来,利用工业生产的基础数据形成优化的决策方案反馈给生产流程。另一方面,通过物联网技术将生产系统与能源系统、交通系统、消费系统、公共管理系统等有机结合起来,形成更大范围的连接,实现社会资源的优化配置。

综上所述,第四次工业革命是一个技术簇群的创新应用,而不是个别关键技术的发展,这将对我国的产业升级以及深化工业化发展产生全面而深远的影响。同时,在工业化的带动下,城镇化也趋于转型,由于物联网、大数据技术、云计算等新一代信息技术的发展,经济、政治、文化各个领域的生产和服务都将更加便捷和智能,政府公共服务、城市交通、教育、医疗、环保、社会治安等城市生活的各个领域都将通过一个庞大的、相互交互的城市智慧系统互联互通,实现社会的智能化管理。

二 第四次工业革命对我国新型城镇化的影响机制

新一轮工业革命在内涵上应该是四次科技革命的聚合,是技术经济范式意义上的技术革命、金融革命、制造业革命和能源革命的全面协同变革(董小君,2019)。同样,基于前文的定义,城镇化也是一个系统性的复杂过程,不仅涉及人口流动、产业集聚、技术创新、政策制度等多方面的影响,更有其自身的内在动力机制。城镇化的发展根本上离不开产业发展、经济增长和技术创新所形成的推力和拉力,本节主要围绕第四次工业革命对我国城镇化的影响进行剖析,以期在工业化后期与新产业革命交汇的背景下对城镇化和工业化的发展有深入的认识。

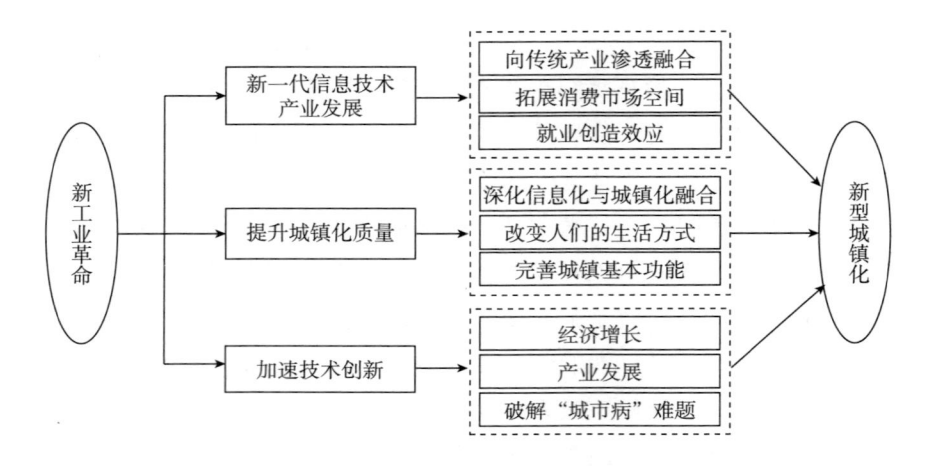

图 7.1　第四次工业革命对新型城镇化影响机制

资料来源：笔者绘制。

（一）第四次工业革命、新一代信息技术产业发展与新型城镇化

第四次工业革命带动一批新兴产业的发展，主要以新一代信息技术、物联网、大数据、人工智能、云计算等催生的智慧产业的发展为主要内容。这些新兴产业的发展不仅是经济增长的新动能，也将成为撬动产业结构升级的杠杆。新产业革命的关键特征是知识将成为关键生产要素，工业革命会使知识因素诱发经济增长这一机制得到显著增强（莫基尔，2010），智慧产业的发展必然会拉动经济增长。首先，新一代信息技术向传统产业渗透融合会催生一批新的产业，如电子商务、互联网金融、云计算服务等新兴服务业的诞生提高了产品和服务的复杂度，也优化了产业结构，同时还会改造传统产业的生产方式和生产流程，促进传统产业生产效率的提高。其次，新技术产业的发展能够扩大新的消费市场空间，智慧产业改变消费者的消费需求、消费结构和消费方式，不断满足消费者的个性化需求。如 3D 打印技术让原本不太可能大规模个性化定制成为现实，利用大数据技术充分挖掘消费者的消费行为信息，精准提供满足消费者偏好的产品和服务。新兴产业的发展带动经济增长和产业结构升级，也是新型城镇化发展的直接动力。最后，新兴产业的发展也会带来就业创造效应，新的就业

岗位的产生，吸引劳动力、资本、技术等高端要素在城市聚集，促进城镇化水平的提高。新型城镇化的发展伴随大规模基础设施建设、产业发展等也为我国和世界科技成果转化创造了条件，也为新技术应用和新兴产业发展提供了前所未有的市场机遇。

（二）新一代信息技术加速提升城镇化的质量和水平

第一，新产业革命背景下的新一代信息技术的发展将深化信息化与城镇化的融合发展。信息化主要从城镇发展环境提升、城镇经济要素结构优化和城镇主体服务（管理）改善三个方面促进城镇化的发展。信息技术驱动下的新型城镇化离不开新型基础设施的建设，实现有线电视、宽带、移动通信网络全覆盖，普及电脑、手机等智能终端，信息服务站建设等，加强物联网、大数据等新一代信息技术在交通、水利、电力、环保信息化领域应用推广，实现对城镇基础设施的智能化规划、管理和服务。城镇化与信息化融合促进基础设施信息化水平的提升，有助于提升经济发展的承载能力。信息化进一步促进城镇化经济要素优化，城镇化发展与经济要素集聚是相辅相成、相互促进的过程，而信息化在提升和优化配置集聚经济要素方面起到重要作用，如农村土地流转信息平台建设、劳动力和企业对接的信息化平台、农村电子商务平台、农村金融云服务平台等。

第二，新一代信息技术改变人们的生活方式，提升人口城镇化的质量。新一代信息技术的推广和应用有助于缩小城乡数字鸿沟和公共服务均等化水平。除了农村电子商务带来的购物便利，农村居民可以通过网络获得在校教育、医疗、金融等服务，云计算、大数据在教育领域的应用将优质教育资源输送到偏远地区，学生可以方便地获取跨地域的优质教学资源。随着第五代通信技术（5G）覆盖范围的进一步扩大，远程会诊、智慧医疗的发展使农村居民享受到与城市统一的优质医疗资源。同样，互联网金融的发展能够为农村居民提供多元化的金融服务，为繁荣农村经济发展起到注入源头活水作用。

第三，新一代信息技术进一步完善城镇基本功能，提升城镇化质量。工业化后期新型城镇化的发展关键环节是城镇化功能的完善，随着智慧城市的发展，新一代信息技术成为重要支撑。随着新一代信息技术的推广和应用，有助于改善城镇化主体服务和管理功能。搭建面向市民的融合服务平台，以城乡公共服务均等化为目标，对各类服务应用进行融合推广，以市民为中心，提供优质、个性化、高效的服务，并充分利用这一跨行业、跨领域的大数据平台，构建动态可视化的决策支持系统；建立面向企业的服务平台，为企业提供一站式的政府服务，简化行政审批流程，构建良好的投资环境；推进基层政府信息化工作，规范权力行为，提高管理效能，推进城市管理重心下移，强化区（县）、街（镇）政府的管理职责。此外，物联网、大数据、GPS、遥感、电子地图等技术的发展能够对城市交通进行全方位监控，智能控制和疏导，保证城市交通道路的通畅。

（三）新产业革命条件下技术创新促进城镇化发展

技术创新的本质是知识的演化，新产业革命将改变知识的生产方式和积累过程，知识诱发的技术创新机制得到加强。数字化、网络化的发展使得知识在跨学科的复杂经济和社会背景下生产出来，在全球网络化的环境下，知识产生的技术创新加速扩散和应用。大数据技术从海量数据中挖掘信息，将转化为知识，并形成技术创新应用，如自动驾驶、智能运输、机器学习等。技术创新对城镇化的影响主要包括以下几个方面：

第一，经济增长方面，城市经济是我国经济主体组成部分，技术创新是经济增长的重要动力，新产业革命驱动下的新技术、新产业、新业态、新商业模式是城市经济发展的主要增长点。近年来，欧美等发达国家都在竞相布局相关战略，抢占技术创新制高点。

第二，从产业发展的角度看，新一代信息技术产业如电信服务业、软件和信息技术服务业、科学研究和技术服务业、计算机、通信和其他电子设备制造业等产业的发展是技术创新最为活跃的领域，工业化后期以及城镇化高质量发展背景下，新一代信息技术产业发展为技术创新提供了广阔的市场空间。

第三，城镇化发展方面，技术创新是解决城镇化发展过程中瓶颈问题的重要手段。资源短缺、环境污染、城市拥堵等城镇化过程中出现的种种问题困扰着全球各个国家。随着数字化、智能化技术的发展，将在能源开采与利用、节能减排、公共管理、智能电网、智能交通等方面发挥重要作用。

(四) 新产业革命与我国城镇化发展智慧化转型

智慧城市建设是我国新型城镇化发展的重要依托，也是以新一代信息技术广泛应用为代表的新一轮产业革命条件下工业化、信息化和城市化的深度融合，并向更高水平阶段迈进的表现。以智慧城市建设为载体的智慧城镇化发展是新型城镇化的重要创新模式，对城市生产生活方式、公共服务、产业发展、政府决策、城市管理等方面产生深刻变革。智慧城镇化包括智慧政府、智慧交通、智慧民生、智慧产业等多个方面，其创新性主要体现在以下几个方面：

第一，智慧城镇化是一种新的发展模式，充分发挥物联网、大数据、云计算、人工智能等新一代信息技术的赋能作用，不仅有利于城市经济发展的可持续发展，对政府服务、城市治理等方面都会构建起新的发展模式。

第二，实现协同整合是智慧城镇化的重要方向。智慧城镇建设中新一代信息技术（物联网、大数据、云计算、人工智能等）广泛应用，实现了资源和要素的集中统一、开放共享，实现城市管理从"条块分割"走向"协同整合"的方式转变，通过全方位的数字化、信息化技术手段，使城市管理和服务更为便捷、高效。

第三，智慧城镇化建设是实现基础设施互联、城市智能化运行的有效途径。城市运行过程中的各个主体将物理基础设施、商业基础设施、信息基础设施等和人连接起来，通过互联网及传感器将各要素连接起来，实现对物理城市的感知。随着数据信息在各个平台上的汇集，基于物联网、云计算、人工智能等技术手段对采集到的海量数据进行分析，并形成有效的决策依据，助力经济社会全面快速发展。

此外，新一代信息技术带动发展的智慧产业加速智慧城镇化发展。智慧产业是新一代信息技术衍生发展而来的新兴产业，具有高技术、高知识含量的经济特征。一方面，智慧产业是信息技术密集型产业，在产业发展和演化过程中，不断分化和重组，形成新的产业，如边缘计算、物联网、数据挖掘等新兴服务业的快速发展，具有优化产业结构和提升产业复杂度的重要作用。另一方面，智慧产业与传统产业的渗透融合，不仅能够产生新的产品或服务业、形成新的商业模式，也会加速传统产业的转型升级。如大数据技术在传统行业中的应用，能够使传统产业收集大量商业数据，通过深度挖掘数据中的信息，并对产业发展提供有价值的预测和推断。

三 第四次工业革命对我国新型工业化的影响机制

从工业化的历史演进规律来看，历次工业革命为各个国家和地区的工业化发展创造了重要契机，工业革命所引发的技术创新成为推动工业化进程的重要动力。同样，第四次工业革命也将为我国加速实现工业化提供前所未有的机遇，本书认为，其对我国新型工业化的影响机制主要包括加速我国工业化进程、促进产业组织变革、深化信息化与工业化融合等几个方面，影响机制的逻辑结构如图7.2所示。

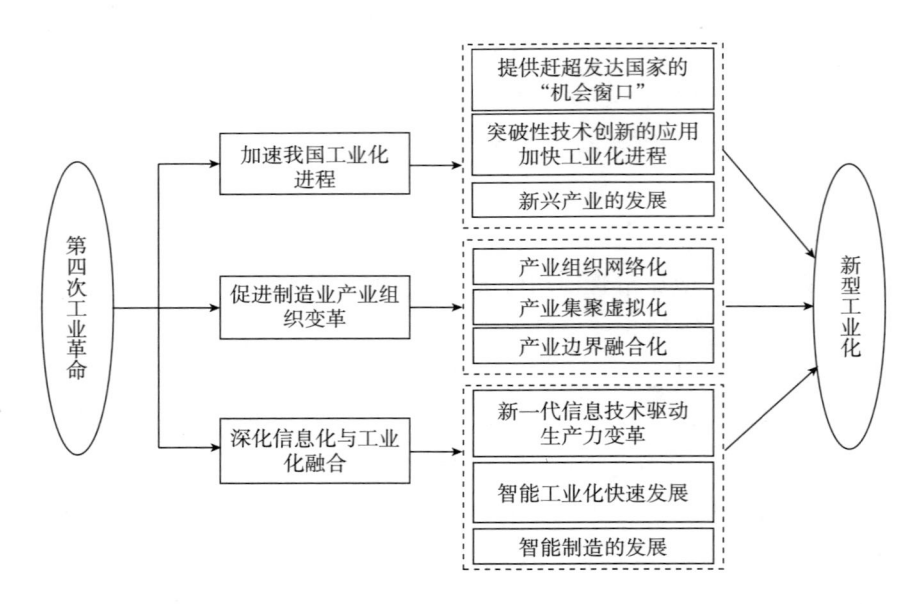

图7.2 第四次工业革命对我国新型工业化的影响机制

资料来源：笔者绘制。

（一）第四次工业革命加快我国实现工业化进程

历史上的三次工业革命加速了世界各国的工业化进程，第一次工业革命是以蒸汽机的发明和应用为标志，机器大工业生产大范围地替代手工业生产，工业化进入蒸汽时代；第二次工业革命是以电力、钢铁、汽车、铁路、化工等产业的发展为标志，工业化进入电气时代；第三次工业革命是以电子计算机的发明、信息技术的广泛应用为标志，工业化进入信息时代。学术界认为，以物联网、大数据、云计算、人工智能为主要标志的第四次工业革命正加速推进，工业化进入智能化时代。在新产业革命背景下，制造业智能化变革、制造业服务化等新的技术经济范式将产生深远的影响，新型工业化的概念赋予了新的内涵，"智能化"要比"信息化"的内涵更为丰富。从工业化历史来看，每一次工业革命都是机械代替人的劳动，达到提高生产效率、降低成本的目的，第四次工业革命也不例外。如果说前三次工业革命完成了机器对体力劳动的替代，第四次工业革命智能化的体现则是不断对人的"脑力劳动"的替代。我国新型工业化概念的提出实际上是为了避免走传统工业化粗放发展老路子，兼顾了工业化与信息化融合、资源节约、环境友好、经济效益高等发展理念。新技术革命对我国新型工业化的影响至少包括以下几个方面：

第一，第四次工业革命对加速我国新型工业化进程，并实现对发达国家赶超提供了"机会窗口"。第四次工业革命背景下的新型工业化是以能源技术、新材料技术、生物技术等新兴产业的发展，以产业数字化、网络化、智能化融合发展为核心，实现信息技术与传统产业融合发展。我国新型工业化道路的实现关键是要抓住新技术革命的战略机遇，实现关键领域的技术创新和跨越式发展。第四次工业革命驱动下，涌现出一大批新技术和新产业，加速新型工业化的进程。如可再生能源技术和绿色技术革命是新型工业化发展的重要路径，这将改变我国传统工业化"三高一低"的发展模式，有效解决能源、不可再生资源以及生态环境的平衡问题；人工智能、机器人、3D打印等服务与制造业智能化生产的技术将会替代承担简单、重复性工作的劳动力，节约生产制造环节的成本，提高生产效率。

第四次工业革命拓展了新型工业化的实现路径，提供了"第二种机会窗口"赶超机遇。演化经济学家佩蕾丝和苏蒂认为，发展中国家实现跨越式发展存在两种"机会窗口"。"第一种机会窗口"是当发达国家技术创新发展成熟后，发展中国家引进吸收，凭借相对低廉的劳动力价格获得自身的经济发展，这种"机会窗口"在利用过程中，技术创新的主动权依然掌控在发达国家的手中，因此很难缩小发展中国家与发达国家的差距。"第二种机会窗口"出现在正在孕育的新技术革命时期，对于发展中国家具有真正意义的机会窗口。第四次工业革命正处于技术创新的酝酿期，产业数字化、网络化与智能化转型过程中，各国之间的技术基础差距不大，对于发展中国家而言，是实现技术赶超的"第二种机会窗口"。金融危机爆发后，为了抓住新产业革命的战略机遇，美国及欧洲发达国家纷纷提出再工业化战略，这对发展中国家实现技术赶超提出了挑战，依靠自主创新发展是新型工业化之路的重要保障。

第二，新产业革命中核心技术的突破为新型工业化的发展注入新动力，也为提升国际竞争优势提供了战略机遇。技术创新是工业化发展的重要推动力量，目前，新产业革命带动发展的核心技术如人工智能、第五代通信技术（5G）、区块链等虽然首先出现在发达国家，但相关产业的发展还处于起步阶段，许多技术尚处于实验室研究阶段，没有大面积地推广应用，发展中国家有机会与发达国家展开竞争，这是抓住"第二种机会窗口"的关键点。此外，重大技术革命的不确定性会产生技术的不连续性（discontinuity）与范围不经济（dis-economies），旧有的经济范式的锁定效应会导致现有技术占有方不愿意或不能够很好地发展与利用新技术，后发国家可能会更容易融入新的技术体系（Bresnahan，2011）。后发国家赶超的机会不仅来自技术的发明和专利商业化，或者已经商业化的技术创新发明尚未形成稳定的技术轨道，或者既定产业技术轨道已经形成，但在技术轨道转换过程中存在的大量商业机会。例如德国的高铁技术全球领先，但并未打开德国本土和欧盟地区的市场，本地市场没法形成规模经济，无用武之地，但在中国却得到了快速推广。

第三，新兴技术应用和新兴产业发展的市场机遇加速我国新型工业化的实现。世界科技革命和产业变革，都需要有强大的需求作为引领和保障。欧盟等发达国家都把需求拉动作为促进科技创新的政策支持方向，比如政府采购、补贴、标准支持等。我国目前拥有门类齐全、独立完整的供应链条与工业体系，也具有超大规模的国内市场优势，为实现从制造大国到制造强国的转变提供了巨大的市场空间。市场机会是关键核心技术突破和应用的重要前提，基于我国发展中大国的基本国情，市场要重于技术。美国和英国的工业化发展史也证明了这一点，美国崛起过程中，巨大的国内市场规模对核心技术的突破起到了关键作用。在第二次工业革命期间，由于英国的工资水平很低，使用机器替代人工生产成本很高，英国大量生产的机器只能在北美使用，显然技术创新发明及应用对市场规模具有一定的要求，这就是曾经在欧洲历史上发明的技术只能转移到美国市场中，实现规模经济效应。因此，新产业革命推动下的关键技术创新在我国市场空间优势和规模经济效应将得到充分的发挥，也为我国新型工业化的发展创造了条件。

（二）新产业革命推动制造业产业组织变革

工业化是驱动产业组织变革的重要过程，也是现代城市发展的基础，即使在工业化后期，这一作用机制的发挥依然显著。与工业密切关联的是产业革命的发生和发展，实质上，历史上历次产业革命都会带来相应的产业组织形式的变革，构成产业结构升级的直接动力，本书首先回顾前三次工业革命的影响，然后对第四次工业革命对产业组织带来新的变化和特征规律进行总结。新一轮产业革命的发生和发展，将对我国深化工业化进程，产业组织形式转变及产业范式变迁产业巨大影响，对于转变经济发展方式具有重要现实意义。

18 世纪中期到 19 世纪末发生的第一次工业革命，蒸汽机的发明和改进为工业发展提供了动力，工厂机器生产开始替代手工作坊，手工劳动工具逐渐被机器所替代，生产效率得到提高，工厂内部按照产品和工艺形成了不同的生产车间、班组等。这一时期机械化、规模化的工厂制组织形式开始形成，规模经济逐步形成，市场的集中度相对较低。19 世纪 60 年代后期的第二次工业革命，使人类进入电气时代，电力、石油成为主要能源，自动化、标准化、大批量的流水线生产方式大量应用，大企业集团开始兴起并成为这一时期产业组织的主要模式，垄断组织也开始产生。第三次工业革命发生于20世纪60年代,以原子能、计算机、空间技术和生物工程技术的发明为主要标志,信息通信技术广泛应用,社会化大规模生产方式开始形成,生产资料、生产过程、产品的社会化程度加深,企业组织形态呈现扁平化趋势。

第四次工业革命以数字化、智能化技术为核心,在大规模个性化定制的市场需求驱动下,产业组织发展呈现出新的发展趋势:一是产业组织网络化。在知识经济主导的产业发展过程中,中小企业形成合作网络的形式成为主流,企业创新模式区域模块化,能够实现生产过程的分离与整合,供应商通过提供的中间品、服务或者相应的职能,与企业形成协同的互动网络关系。二是产业集聚虚拟化。新一代信息技术的出现,尤其是物联网、大数据、云计算等技术的应用,产业集聚的范围、内容和形式发生了变化,企业间地理空间集聚逐渐变成以数据和信息时事交换为核心的网络虚拟集聚模式。产业虚拟集聚的载体是网络平台,这些平台集聚了生产商和消费者,如百度、阿里巴巴、腾讯三大巨型商务服务平台,以及云计算平台、大数据公共服务平台等。三是产业边界融合化。从制造业与服务业的关系来看,制造业的业务范围不仅局限于生产制造,正不断向价值链的两端延伸,进一步拓展到研发、设计、物流和市场营销等,制造业与现代服务业深度融合,制造业服务化的趋势明显。一方面,制造业的生产制造环节由自动化、智能化机器设备完成,制造业的业务范围逐步扩大,如服务环节一体化解决方案的设计;另一方面,制造业价值链攀升的同时,需要对外界市场需求及时做出反应,与服务业的关系更为密切,要求两者进行更为深度的融合。

(三)新产业革命促进信息化与工业化融合,深化工业化进程

目前,我国的工业化进程尚处于工业化后期向后工业化转变时期,新产业革命是我国深化工业化进程、实现工业化的关键机会窗口。第一,新一代信息技术的突破性应用驱动生产力变革。这场新产业革命是在21世纪后发展起来的,其核心是数字化、网络化与智能化的深度融合,这也是信息化与工业化深度融合的体现,以物联网、大数据、机器人以及人工智能为技术驱动力的信息技术使社会生产方

式发生深刻变革。程序化的体力和脑力劳动将会被智能化设备所取代,以人工智能这一通用目的技术(GPT)为例,通过大数据、机器学习等手段,机器人的识别、分析和判断能力不断提升,在一定程度上可以替代人的脑力和体力劳动,在速度、力量、精度等方面具有一定的优势。如生产过程中,重复性的手工操作业务通过智能化的程序设计完全能够被自动化机器设备所替代,如搬运、组装、运输等。在某些领域,一些需要相当认知能力的非重复性专业化劳动也逐步被机器所替代,语音识别技术广泛应用的翻译工作,多种语言的口头表达和机器翻译形成良好的交互,以达到顺利沟通的效果,同样,法官和律师工作中法律文书的起草和处理,医疗诊断中,机器通过算法训练和学习能够自动化生成检验报告,此外,在教育、金融、勘探等领域,智能化的数字技术都有广泛的应用。尤其是在复杂危险环境中,机器人等智能化的设备的优势要远远胜于人的操作,如救援机器人、排爆机器人、水下勘探机器人等。

第二,智能工业化加速生产方式变革。从工业的发展特征看,工业化依次按照"机械化—电气化—自动化—智能化"次序演进,第二次工业革命以来,工业化的发展逐步实现通过机械替代人的体力劳动,实现大规模生产和批量销售,而新产业革命条件下,工业化生产实现了机器之间、工厂之间以及企业与消费者之间形成"智能连接",研发、生产、销售更加迅速、灵活和高效,能够实现流水线大规模生产与消费者个性化要求的统一,即大规模个性化定制模式的生产结构。现代工业化的技术经济特征,除了物理系统(机械化、电气化、自动化设备)之外,还有再融合信息系统(计算机化、信息化、网络化设备),最终形成物理信息系统(智能化),这也是德国工业4.0的基本理念。

第三,第四次工业革命为我国工业制造业发展创造了新的机遇。为应对第四次工业革命,世界各国出台了相应的战略,如美国致力于发展工业互联网并发布了"先进制造伙伴计划",德国提出了工业4.0计划,我国制定出台了"中国制造2025"战略,推动我国由制造业大国向制造业强国转变。从制造业发展方面来看,第四次工业革命提高了制造业的生产率、减少资源浪费和污染排放，促进工业发展向绿色化转型。生产环节，物联网、大数据等技术的发展直接将消费者市场需求快速传递给企业，企业的自动化系统完成设计，生产后反馈给客户，降低库存成本的同时，大大提高了生产效率。生产环节，新的生产方式 3D 打印技术结合高精度、智能化的设计软件，利用增材制造的方式，在金融加工、铸造锻造、新材料生产等环节提高了原材料的利用率。新产业革命推动下，我国工业发展尤其是制造业智能化水平不断提升，大量自动化设备和机器人的使用，如无人工厂、无人仓库的出现，减少了用工人数、延长作业时间的同时，也提高了生产效率。

第二节　工业化后期深化我国城镇化与工业化发展的推进机制创新

工业化后期，我国进入城镇化高质量发展和全面实现工业化的关键时期，既要继续完善城镇化与工业化良性互动机制，也需要在城镇化与工业化发展的进程中寻找各自的突破口和着力点，在原有城镇化与工业化治理体系基础上进行创新完善，形成有效的推进机制。因而，本节主要结合我国城镇化与工业化发展的现状以及新产业革命所带来的机遇，从城镇化发展的空间结构转型、集聚效应的发挥，以及新一代信息技术为代表的技术创新等方面对我国城镇化与工业化的推进机制及发展路径进行分析。

一　工业化后期促进我国新型城镇化高质量发展的推进机制

（一）优化城镇化空间结构，推进城镇化载体转型

党的十九大报告提出，"要以城市群为主体构建大中小城市和小城镇协调发展的城镇格局"，这对于我国工业化后期新型城镇化道路选择指明了方向，传统意义上的城镇化发展道路，一直存在争议。我国城镇化进入中后期发展阶段，未来城市群和都市圈将成为新型城镇化的主体形态，发挥城市群的集聚经济效应是实现经济增长和提高城

市竞争力的重要途径。依据我国"十三五"规划纲要的划分，我国目前已形成19大城市群①，城市群GDP占我国经济总量的比重达到90%以上。城市群作为一个国家工业化和城镇化进程高级阶段的产物成为经济发展中最具活力和潜力的增长点。城市群与中小城市以及小城镇协调发展的路径包括：一是农村人口按照城镇化的传统路径向小城镇、中小城市、大城市集聚；二是工业化后期表现出的逆城镇化路径，城市人口、资本等要素向乡村流动扩散；三是中小城市借助大城市的辐射带动，不断发展壮大，成为城镇化的重要空间载体。

城市群发展是一种新的城镇化模式，我国城镇化中后期推动城市群、都市圈的发展主要采取以下措施：一是对城市群的发展要科学规划、合理定位。目前，我国的城市群较多，基本覆盖全国大部分区域，由于地理条件、经济基础、产业布局等方面的差异，城市群在区域经济发展中的功能也不同，发展水平差别较大。新型城镇化过程中，要对城市群和都市圈的发展进行合理定位，强化比较优势，走差异化的区域功能发展。二是要以产业支撑为抓手，强化核心城市的引领作用，培育符合城市功能发挥的产业集群，提升城市群、都市圈的发展水平。国外的城市群中心城市不仅都具有巨大的经济带动作用，从效应发挥来看都具有强劲的"极化效应"和"扩散效应"。三是优化城市群、都市圈内部城市间的空间结构，增强城市间的经济联系，有效促进城市经济溢出效应的发挥。这种空间上的经济联系外在表现为完善的基础设施，形成高效便捷的交通网、信息网，同时要形成城市群内部合理的产业分工，加快区域内部商品市场、要素市场的一体化建设。

中小城市及小城镇的发展，要通过产业的集聚和公共服务均等化，提高城市的承载力，重点把县域城镇化作为推动中小城市发展的基本单元。城镇化过程中，由于大城市对资源的集聚效应具有天然的

---

① 19个城市群分别包括：长江中游城市群、长江三角洲城市群、珠江三角洲城市群、京津冀城市群、成渝城市群、哈长城市群、山东半岛城市群、辽中南城市群、海峡西岸城市群、关中城市群、中原城市群、北部湾城市群、天山北坡城市群、呼包鄂榆城市群、晋中城市群、兰西城市群、滇中城市群、黔中城市群、宁夏沿黄城市群。

优势，而中小城市得不到充分的资源支持，为了优化城镇化的载体形态，城镇化的重心必须下移，加快县域城镇化的发展。通过县域城镇化加快推进城乡一体化水平，保障进城落户居民的基本公共服务，健全和完善社会保障体系；加强基础设施建设，提供中小城市和小城镇的承载力。

（二）推动城乡融合发展，促进城镇化质量提升

改革开放以来，随着我国工业化和城镇化的加速发展，我国城乡关系也发生了巨大的变化：一方面城乡之间的联系更为频繁和密切，另一方面城乡之间的差距迅速扩大。现阶段，我国的城镇化发展由高速增长阶段进入高质量发展阶段，城乡融合发展是城镇化中后期发展阶段的主要经济特征和目标方向。城镇化是乡村振兴的一部分，城乡融合实质上是将城市与乡村放在平等的地位，破除城乡二元结构，加快城乡要素双向流动机制构建，实现城乡公共服务均等化，形成工农互促、城乡互补、全面融合、共同繁荣的新型工农城乡关系。实现城乡融合，促进新型城镇化高质量发展，要着重从以下四个关键点出发：一是发挥市场机制的作用，促进城乡资源的优化配置。构建城乡要素双向流动的体制机制，避免以往农村资源单向流入城市的局面，以农村土地产权制度、户籍制度、金融制度改革为突破口，构建城乡统一的土地流转市场、劳动力市场和金融市场，实现城乡要素的平等交换和自由双向流动。二是强化城镇化的产业支撑，增强城乡产业融合，大力发展农村金融、保险、物流、休闲旅游、电子商务等涉农服务业，健全农业社会化服务体系，推动农村第一、第二、第三产业融合发展，促进农村农业现代化。三是要建立城乡融合的体制机制。全面深化城乡综合配套改革，构建城乡统一的户籍登记制度、土地管理制度、就业管理制度、社会保障制度以及公共服务体系和社会治理体系，深化农村产权制度改革，实现"资源变资产、资产变资本"。四是要完善城乡融合的政策体系。在完善户籍制度改革、加快城市资源引流入乡、城乡公共服务发展、基础设施建设、农民持续增收等方面提供政策保障机制。

（三）加快新型城镇化与新型工业化过程中的产城融合发展

新型城镇化的核心是促进人的城镇化，国家发改委在产城融合示

范区建设的文件中也将产城融合作为提升城镇化质量和效率的核心理念。从海彬等（2017）认为，无论是大城市、中小城市还是小城镇，"人"是连接产业和城市发展的核心因素，促进人的城镇化的发展关键是推动产城融合，形成"以产促城、以城兴产"的格局。推进产城融合发展，促进城镇化质量提升的路径应包括以下几个方面。

第一，促进传统产业结构转型升级，增强城镇化的经济实力。巩固发展高端装备制造业传统优势，大力发展现代服务业以及新一代信息技术、生物、新材料、新能源等为代表的新兴产业；鼓励企业加强科技创新，采取"企业上云"、企业智能化改造等措施加快传统产业改造升级。促进生产性服务业与先进制造业有机融合、互动发展，推动金融、物流、信息、研发、商务等科技研发和服务型、增值型、产业延展性强的生产性服务业加速发展。

第二，优化产业空间布局，提升城镇化效率。科学规划区域内的产业布局，有机融合本地区的区位优势和产业优势，培育发展符合本地区比较优势的主导产业类型，引导产业有序转移，提升产业集群水平。以新型工业化建设促进城区发展，通过城市多元化发展和城市功能的完善带动产业的整体提升。以"飞地经济"推进城镇化联动，在基础设施硬件与政策制度、管理模式等软件条件方面与发达城市对接，合理引导产业项目在城镇落地。

第三，完善城镇配套功能。强化城镇功能配套建设既是城镇化政策运行和经济健康发展的基础条件，也是提升城镇化综合承载能力的基本要求。要注重产业配套和生活服务配套规划兼顾，既要完善产业发展的基础条件，也要形成围绕产业发展的生活圈。随着产业发展带动人口在城镇的集聚，就业、教育、医疗、养老等刚性服务需求会进一步扩大，为城镇发展提供公共产品的基本保障，满足农业转移人口的公共服务需求。

二 工业化后期深化新型工业化发展的主要推进机制

（一）以技术创新为动力引擎，提升新型工业化质量

技术创新是新型工业化发展的重要支撑，工业化进程中的信息化建设、产品科技含量提升、经济效益的提高、能源消耗与节能减排、

人力资源优势发挥等方面都离不开技术创新。构建技术创新对新型工业化的促进机制，首先要建立和完善促进企业创新的市场机制，增强企业技术创新的动力，建立以企业为主体、市场为导向、产学研结合的技术创新体系，使企业成为研发投入的主体。优化技术创新的制度环境，大力培育创新集群，构建有利于创新的财政、金融制度，加强知识产权保护。协调好多种创新模式之间的关系，解决好我国目前"关键领域的技术创新能力不足，基础研究投入不足"的问题。针对重大核心关键技术，尤其是科技前沿及未来社会经济等重大基础领域要实施技术攻关，集中高等院校和科研机构的力量进行重点突破，如信息技术、先进制造技术、新能源技术、新材料技术、航空航天技术等。对于国外先进技术、工艺和关键设备，要注重引进消化吸收再创新。要完善技术创新的中介服务体系建设，包括技术市场、人才市场、信息市场、产权交易市场等在内的市场体系。实施及创新战略，构建开放型的区域创新体系，提升我国集群创新能力。同时，要积极培育战略性新兴产业，抢占产业技术创新制高点，新一代信息技术发展背景下，以人工智能为代表的智能科技产业发展目前全球主要发达国家都在抢先布局，寻求产业价值链高端的竞争优势。

（二）借助新一代信息技术，促进我国工业智能化转型

伴随着大数据、云计算、物联网、人工智能等新一代信息技术的快速发展与应用，我国制造产业、信息产业等面临着重大的发展机遇，也有效地推进了我国信息化与工业化的融合发展。传统企业的研发设计、生产制造、市场销售、售后服务、企业管理等环节生产运作方式都会发生新的变化，产业组织结构向着网络化、平台化方向发展，企业组织的优化升级有力地促进了"两化"融合进程。新一代信息技术推动高效协同制造网络形成，借助于工业大数据、工业互联网平台，制造企业不仅可以实现与其他单个企业的点对点链接，而且能通过建立整个制造行业的资源共享平台，实现与平台内部所有制造企业的有效对接，共享平台内制造企业的技术、资金等生产要素，提升合作的广度和深度。在互联网平台中，企业为了能长期从平台中获得利益，会主动维护自身的良好信誉，形成较为稳定的平台合作模式。

通过这种制造企业价值网络，实现行业系统流程的优化和合作制造企业的共同发展。借助于互联网、大数据、云计算等新一代信息技术，促进行业内部的信息共享和业务协同，包括企业部门的协同以及与产业链上下游企业的协同；同时，制造企业与客户之间能够互动，形成客户与客户之间的交流平台，升级制造企业之间的合作模式，推进网络化制造的发展。

智能制造将成为我国工业化与信息化融合的重要突破口，智能制造是企业实现生产、管理、服务、产品智能化的全新生产方式。借助物联网使得制造企业实现向智能工厂转型的机遇，同时帮助制造业对复杂事务进行管理，提升自身生产水平，实现横向集成与纵向集成，并向综合集成跃迁。工业互联网相关技术，逐步建立智能产品的可识别性，在智能产品的生产过程中，可对整个制造过程进行全面记录，使得智能产品具备半自主控制的能力。智能产品自身能够调整其制造过程，同时确认自身的耗损程度，保证在各阶段都能处于最优状态。

（三）优化产业结构，避免过早"去工业化"发展

我国还未实现工业化，仍处于工业化后期阶段，未来一段时期，必须坚持推动以制造业为核心的实体经济发展，并确保制造业比重稳定在合理区间。防止"过早去工业化"是我国深化工业化发展面临的迫切问题，近年来，我国的产业结构呈现出明显的服务化趋势，以金融和房地产为代表的虚拟经济高度发达，这些产业具有高杠杆和高风险的特征，不利于经济可持续发展。目前，我国"过快去工业化"倾向明显，对经济发展产生了"脱实向虚"的不利影响。工业是技术创新的核心领域，瓦科拉夫·斯米尔在《美国制造：国家繁荣为什么离不开制造业》一书中指出，经济增长最恒久的动力来自技术创新，制造业是现代西方社会技术创新的第一源泉。2008年国际金融危机之后，发达国家高度重视制造业的发展，纷纷提出"再工业化"战略，开启一个以新一代信息技术为主导驱动、智能制造为先导产业的工业化新时代。与此同时，要警惕我国产业结构"逆库兹涅茨化"现象，切实促进工业和实体经济发展，促进一二三产业协调发展，促进实体经济和虚拟经济协调发展。

第三节　本章小结

本章基于第四次工业革命与我国工业化后期交汇的特定经济背景，提出了我国城镇化与工业化互动协同发展的推进机制的构建思路。以新一代信息技术的创新应用为代表的第四次工业革命正在加速推进，新产业革命对经济发展过程中的技术创新、产业发展、要素资源配置等多个方面会产生重要影响，也会加速我国城镇化与工业化进程，促进"两化"互动协同发展方式的转变，这是工业化后期我国经济发展不容忽视的因素。基于此，本书在分析第四次工业革命对我国城镇化与工业化的影响机制基础上，结合前文对"两化"协同发展的思路，提出了我国城镇化与工业化发展的推进机制。具体的研究内容及主要结论包括以下几个方面：第一，分析了第四次工业革命（新产业革命）的内涵和技术经济特征，对我国城镇化与工业化的影响而言，第四次工业革命的技术结构特征包括四个层次，第一层次是以通用目的技术为代表的底层使能技术的创新和发展；第二层次是以数字化、智能化技术为代表的智能终端产品、生产制造装备或工具的出现；第三层次是集成了现代信息技术与生产制造技术的智能化生产制造系统的形成；第四层次是工业互联网的产生与广泛应用。

第二，总结了第四次工业革命对我国新型城镇化与工业化的影响。新产业革命对我国新型城镇化的影响主要包括三个方面：一是新产业革命带动新一代信息技术产业的发展，为城镇化建设提供了产业支撑；二是通过促进深化信息化与城镇化的融合、新技术改变人们的生活方式以及通过城镇功能的完善来提升城镇化质量；三是新产业革命条件下，加速技术创新的步伐，在经济增长、产业升级等方面发挥积极作用。新产业革命对我国工业化的影响主要在于新产业革命为加速我国实现工业化提供了机会窗口、推动工业制造业产业组织变革以及促进信息化与工业化深度融合等。

第三，提出了我国工业化后期推进城镇化与工业化发展的机制构建思路。新型城镇化方面，一是要推进城镇化的载体转型，构建以城市群为主体、大中小城市和小城镇协调发展的新型城镇化发展格局；二是加快城乡融合发展，提升城镇化质量；三是加快新型城镇化建设过程中的产业融合发展。新型工业化方面，要构建以技术创新推动工业化高质量发展的推进机制；借助新一代信息技术发展，促进我国工业智能化转型；同时，进一步优化产业结构，避免"过早去工业化"发展。

第八章 主要结论与研究展望

本章旨在对本书的主要研究结论进行概括与总结,并对下一步的研究方向进行展望。其中,主要结论包括城镇化与工业化互动协同机理,城镇化与工业化互动协同发展水平的测度及影响机制实证检验,工业化后期与新产业革命交汇背景下我国城镇化与工业化互动协同机制构建。研究展望部分包括理论机制的拓展、数据范围的扩大、工业化后期不同区域的城镇化与工业化互动协同机制的跟踪研究等方面。

第一节 主要结论

城镇化与工业化是经济发展的"双引擎",两者的互动发展具有典型的阶段性特征,在工业化进程的不同阶段表现出的动力机制、经济背景、发展路径等具有较大的差别。现阶段,我国进入工业化后期和城镇化发展的中后期阶段,全面实现工业化和推进城镇化高质量发展是未来一段时期重点完成的任务。本书构建了城镇化与工业化互动协同发展的一般分析框架,运用理论与实证相结合的方法,结合我国"两化"互动发展历程及现状,研究了我国工业化后期阶段的"两化"协同发展问题,得出了如下主要结论。

第一,从城镇化与工业化互动协同发展的内在影响机制来看,本书认为,技术创新、产业结构升级、集聚经济效应是"两化"协同发展的主要推动力量,也是实现城镇化与工业化两个复杂动态结构系统互相促进、互为动力的耦合机制形成的主要因素。理论和实证分析表明,这一机制的揭示对任何时期的城镇化与工业化协同发展均成立。

当然也包括本书重点研究的工业化后期阶段。基于此，本书构建了"技术创新—产业结构升级—集聚效应"的研究框架，工业化主要通过产业结构升级与技术创新作用带动城镇化的发展，城镇化主要通过集聚经济效应促进工业化的发展，其中集聚经济效应包括要素集聚、产业集聚以及空间溢出效应的发挥，影响城镇化与工业化互动机制的外生动力因素还包括政府政策、制度安排、贸易与经济开放度等。不同的工业化阶段，城镇化与工业化的互动关系存在较大差别，分别从工业化初期、中期、后期以及后工业化阶段分析了"两化"互动发展的关系。

第二，本书认为，工业化后期以来，我国的城镇化与工业化互动协同发展的动力机制正在发生转型，这与其他工业化阶段存在显著的差别。生产要素方面，劳动力、资本、土地、技术创新等传统生产要素的供需结构正在发生变化，同时，数据成为新的生产要素；产业动力方面，服务业将成为支撑城镇化与工业化发展的主导产业，工业制造业服务化趋势明显，产业升级呈现智能化转型趋势；技术创新方面，工业化后期与新产业革命交汇下，突破性技术创新频现，这将为我国"两化"互动协同发展提供新的动力源泉。

第三，实证分析环节，本书首先回顾了我国城镇化与工业化的发展历程以及工业化后期两者的现状，测度了工业化后期以来我国城市层面我国"两化"互动协同发展水平。研究认为，城镇化与工业化发展的不平衡问题，产业结构升级面临的新的结构性问题，城镇化工业化与信息化的融合程度不够，资源约束矛盾问题等方面是工业化后期我国"两化"面临的主要矛盾和问题。对城镇化与工业化互动协同水平的测度本书选取了 275 个地级以上城市为样本，构建了城镇化与工业化互动协同发展的评价指标体系，采用耦合协调度模型计算出样本区域"两化"互动协同的发展水平。进入工业化后期以来，我国各地区的"两化"互动发展水平总体上明显提升，且空间分异特征明显，"两化"耦合协调度呈现明显的空间关联和集聚特征，城市群及都市圈成为城镇化与工业化互动发展的主要载体形态。全局自相关检验 Moran's I 指数及局部空间自相关检验表明，城镇化与工业化的协同发展具有显著的空间溢出效应。进一步运用空间计量模型对城镇化与工业化互动协同发展的影响机制进行了实证检验，构建了空间邻接、地理距离、经济距离、经济地理引力四种权重矩阵进行回归分析。空间杜宾模型回归结果显示技术创新、产业结构升级、产业集聚三个核心解释变量是"两化"互动协同发展水平的显著影响因素，"两化"互动协同发展的一般理论机制得到验证。此外，控制变量人均社会投资、财政收入水平、社会消费水平均为"两化"耦合协调度的显著影响因素，城乡收入差距变量具有显著负效应。

第四，国际经验借鉴与新型城镇化与工业化良性互动机制构建。梳理了英国、美国、日本、韩国等典型发达国家的城镇化与工业化发展历程，总结了发达国家工业化后期城镇化与工业化对我国的启示：一是注重工业化与城镇化相互促进、协调发展；二是资源禀赋、经济基础不同的国家工业化后期城镇化与工业化的发展模式不同，我国各地区应该选择适合自身实际情况的发展路径；三是重视技术创新的作用，正在加速推进的第四次工业革命为我国的工业化与城镇化发展创造了机遇；四是完善政府引导与市场力量的双重作用机制，"两化"协同是一个复杂的经济系统，既需要发挥市场机制的决定性作用，也要政府的引导。在此基础上提出了完善我国城镇化与工业化良性互动机制的构建思路：要充分发挥市场作用、构建要素资源优化配置机制；构建"两化"良性互动的产业支撑机制；完善城镇化与工业化良性互动的制度保障机制。

第五，结合第四次工业革命与我国工业化后期交汇下的特殊历史背景，分析了第四次工业革命对我国城镇化与工业化的影响机制。提出了推进我国城镇化与工业化协同发展的主要推进机制及路径。新型城镇化建设方面，进一步优化城镇化空间结构，推进城镇化载体转型，构建以城市群为主体、大中小城市与小城镇协调发展的空间格局；推进城乡融合发展与产城融合进程。新型工业化方面，要以技术创新为动力引擎，提升新型工业化质量；借助新一代信息技术发展，促进信息化与工业化深度融合，推动工业智能化转型；同时优化产业结构，避免过早"去工业化"发展。

第二节　研究展望

针对工业化后期城镇化与工业化互动协同发展的机理、水平和机制等问题，本书进行了理论层面的拓展和实证层面的分析，但受限于时间、精力等方面的因素，仍然存在研究的局限性，有待进一步深入探索和研究。

第一，工业化与城镇化是两个复杂经济系统互动协同发展的动态过程，阶段性特征明显，两者的互动协同理论机制不仅受到区域经济系统内部产业、区位条件、经济基础等因素的影响，也受到系统外部环境的影响，如政策导向、制度变革、贸易环境等。当然，也包括空间经济因素的重要作用，如城镇距离、规模（区域面积、自然资源存量、人口、经济存量等）、区位（连接度、通达性）、集聚性等。而且随着我国城市群、都市圈的发展对新型城镇化的影响越来越重要，深化空间因素对城镇化与工业化协同发展的影响研究是未来研究的一个重要方向，现有文献的研究涉及的内容较少，尽管本书引用了空间计量的方法做了相应的尝试，但还不够深入。引入空间因素深入研究城镇化与工业化的互动发展对任何工业化时期"两化"协同发展的一般性规律都是适用的，具有一定的研究价值。

第二，研究样本区间与数据的范围拓展。很长一段时间我国的城镇化与工业化的发展是以县城以及乡镇为主体的，以县域或乡镇为样本单元更能反映我国城镇化与工业化的互动发展的区域经济特征。而且，"十四五"时期及更长阶段，以县域为载体的城镇化将是我国城镇化发展的核心，2022年5月，国家印发了《关于推进以县城为重要载体的城镇化建设的意见》，也为学术界的研究指引了方向。但受限于数据可得性原因，本书选择了275个地级市数据为样本范围，因此，希望在今后的研究过程中，能够更大范围拓展数据资料，深入到县级或镇域层面更为微观的区域对其"两化"协同发展进行有针对性的实证研究。

第三，工业化后期我国城镇化与工业化深入发展的追踪研究。全面实现工业化与城镇化高质量发展是未来一段时期我国经济社会发展的重要经济目标，预计到 2050 年，我国的城镇化率会达到 70%，与发达国家相比还存在较大的差距，而长期以来我国的城镇化滞后于工业化，在工业化后期较长一段时间我国城镇化与工业化需要进一步追踪研究。从国家层面来看，户籍、土地、公共服务等制度面临新一轮改革，配套的产业政策需要及时跟进，城镇化与工业化的质量需要做全面的评估。从地区层面看，不同地区城镇化与工业化水平差异较大，在乡村振兴、区域协调发展、新型城镇化与工业化发展等国家战略的驱动下，各地区的城镇化与工业化发展需要发挥本地区发展的动态比较优势，形成有效的推进机制，这也是未来需深入研究的方向。

参考文献

中文参考文献

钱纳里、鲁宾逊、塞尔奎因：《工业化和经济增长的比较研究》，吴奇等译，上海人民出版社 1989 年版。

曹飞：《新型城镇化质量测度、仿真与提升》，《财经科学》2014 年第 12 期。

曹建海、李海舰：《论新型工业化的道路》，《中国工业经济》2003 年第 1 期。

茶洪旺：《论新型城镇化发展中的政府有限主导》，《中州学刊》2013 年第 11 期。

陈丹妮：《城镇化对产业结构演进的影响》，《财经科学》2017 年第 11 期。

陈建军、黄洁：《集聚视角下中国的产业、城市和区域——国内空间经济学最新进展综述》，《浙江大学学报》（人文社会科学版）2008 年第 4 期。

陈磊、葛永波：《社会资本与农村家庭金融资产选择：基于金融排斥视角》，人民出版社 2019 年版。

陈强：《高级计量经济学及 Stata 应用》（第二版），高等教育出版社 2014 年版。

陈衍泰等：《新兴经济体国家工业化水平测度的实证分析》，《科研管理》2017 年第 3 期。

陈秧分、何琼峰：《城镇化、工业化与城乡收入差距的耦合特征及其影响因素》，《经济问题探索》2016 年第 10 期。

陈甬军、景普秋：《中国新型城市化道路的理论及发展目标预测》,《经济学动态》2008 年第 9 期。

陈钊、陆铭:《从分割到融合:城乡经济增长与社会和谐的政治经济学》,《经济研究》2008 年第 1 期。

陈宗胜:《倒 U 曲线的"阶梯形"变异》,《经济研究》1994 年第 5 期。

程湛恒、陈燕:《工业化与城镇化良性互动的理论研究》,《成都行政学院学报》2013 年第 4 期。

仇保兴:《新型城镇化:从概念到行动》,《行政管理改革》2012 年第 11 期。

丛海彬、段巍、吴福象:《新型城镇化中的产城融合及其福利效应》,《中国工业经济》2017 年第 11 期。

邓玲、张鸥:《四川工业化与城镇化互动效应的动态研究——基于 VAR 模型的实证分析》,《经济问题》2011 年第 11 期。

董春、张红历:《四川省城镇化、工业化对城乡收入差距影响的时空异质性》,《财经科学》2018 年第 6 期。

董小君:《准确把握新一轮工业革命的内涵、本质及实现模式》,《宏观经济管理》2019 年第 11 期。

杜传忠、刘英基、郑丽:《基于系统耦合视角的中国工业化与城镇化协调发展实证研究》,《江淮论坛》2013 年第 1 期。

杜传忠、庞瑞芝:《工业化仍将主导中国经济发展》,《中国社会科学报》2015 年 4 月 16 日。

杜雯翠、朱松、张平淡:《我国工业化与城市化进程对环境的影响及对策》,《财经问题研究》2014 年第 5 期。

范剑勇、冯猛、李方文:《产业集聚与企业全要素生产率》,《世界经济》2014 年第 5 期。

方创琳:《中国新型城镇化高质量发展的规律性与重点方向》,《地理研究》2019 年第 1 期。

冯奎:《中国城镇化转型研究》,中国发展出版社 2013 年版。

付保宗:《当前我国工业转型升级的进展、障碍与对策》,《经济纵横》2016 年第 3 期。

付琦、卓乘风、邓峰：《城市化、工业化与区域创新能力——基于空间计量模型的实证分析》，《科技管理研究》2018 年第 1 期。

干春晖、郑若谷、余典范：《中国产业结构变迁对经济增长和波动的影响》，《经济研究》2011 年第 5 期。

高强、程长明、曾恒源：《以县城为载体推进新型城镇化建设：逻辑理路与发展进路》，《新疆师范大学学报》（哲学社会科学版）2022 年第 5 期。

高文静等：《工业化、城镇化对工业碳生产率的门槛效应分析》，《宏观经济研究》2017 年第 4 期。

高志刚、华淑名：《新型工业化与新型城镇化耦合协调发展的机理与测度分析——以新疆为例》，《中国科技论坛》2015 年第 9 期。

工业化与城市化协调发展研究课题组：《工业化与城市化关系的经济学分析》，《中国社会科学》2002 年第 2 期。

郭东杰、王晓庆：《经济开放与人口流动及城镇化发展研究》，《中国人口科学》2013 年第 5 期。

郭克莎：《中国工业化的进程、问题与出路》，《中国社会科学》2000 年第 3 期。

郭颖等：《工业化、城镇化与现代农业效率分析——基于江苏昆山水产养殖业的实证研究》，《复旦学报》（自然科学版）2019 年第 6 期。

国家统计局课题组：《我国城镇化战略研究》，《经济研究参考》2002 年第 35 期。

韩保江、杨丽：《新中国 70 年工业化历程、成就与基本经验》，《改革》2019 年第 7 期。

韩江波：《智能工业化：工业化发展范式研究的新视角》，《经济学家》2017 年第 10 期。

韩柯子：《以县城为重要载体的城镇化：逻辑、约束与路径》，《探索》2022 年第 4 期。

郝华勇：《我国新型工业化与城镇化协调发展空间分异与对策》，《广东行政学院学报》2012 年第 2 期。

郝寿义、曹清峰：《后工业化初级阶段与新时代中国经济转型》，《经济学动态》2019 年第 9 期。

洪名勇：《城镇化与工业化协调发展研究》，《贵州大学学报》（社会科学版）2011 年第 6 期。

胡鞍钢：《中国进入后工业化时代》，《北京交通大学学报》（社会科学版）2017 年第 1 期。

胡振亚、汪荣：《工业化、城镇化与科技创新协同研究》，《科学管理研究》2012 年第 6 期。

黄群慧：《从高速度工业化向高质量工业化转变》，《人民日报》2017 年 11 月 26 日第 5 版。

黄群慧等：《面向中上等收入阶段的中国工业化战略研究》，《中国社会科学》2017 年第 12 期。

黄群慧：《改革开放 40 年中国的产业发展与工业化进程》，《中国工业经济》2018 年第 9 期。

黄群慧、李芳芳：《中国工业化进程报告（1995—2015）》，社会科学文献出版社 2017 年版。

黄晓军、李诚固、黄馨：《东北地区城市化与产业结构演变相互作用模型》，《经济地理》2008 年第 1 期。

贾根良：《第三次工业革命与工业智能化》，《中国社会科学》2016 年第 6 期。

贾根良：《第三次工业革命与新型工业化道路的新思维——来自演化经济学和经济史的视角》，《中国人民大学学报》2013 年第 2 期。

贾根良：《我国新型工业化道路主导产业的选择与战略意义》，《江西社会科学》2015 年第 7 期。

简新华：《城市化道路与中国城镇化》，《学习与实践》2003 年第 10 期。

简新华、黄锟：《中国城镇化水平和速度的实证分析与前景预测》，《经济研究》2010 年第 3 期。

江小涓：《积极探索新型工业化道路》，《求是》2002 年第 24 期。

姜爱林：《城镇化与工业化互动关系研究》，《财贸研究》2004 年第 3 期。

金浩、李瑞晶、李媛媛：《基于 ESDA-GWR 的三重城镇化协调性空间分异及驱动力研究》，《统计研究》2018 年第 1 期。

经济增长前沿课题组：《经济增长、结构调整的累计效应与资本形成——当前经济增长的态势分析》，《经济研究》2003 年第 8 期。

景普秋、张复民：《工业化与城镇化互动发展的理论模型初探》，《经济学动态》2004 年第 8 期。

孔凡文、许世卫：《我国城镇化与工业化发展关系分析与判断》，《调研世界》2006 年第 7 期。

雷潇雨、龚六堂：《城镇化对于居民消费率的影响：理论模型与实证分析》，《经济研究》2014 年第 6 期。

冷智花：《中国城镇化：从失衡到均衡发展》，《南京大学学报》（哲学人文社会科学版）2016 年第 4 期。

李春生：《城镇化对产业结构升级的作用机制与实证分析》，《经济问题探索》2018 年第 1 期。

李虹、邹庆：《环境规制、资源禀赋与城市产业转型研究——基于资源型城市与非资源型城市的对比分析》，《经济研究》2018 年第 11 期。

李兰冰、高雪莲、黄玖立：《"十四五"时期中国新型城镇化发展重大问题展望》，《管理世界》2020 年第 11 期。

李兰冰：《中国能源绩效的动态演化、地区差异与成因识别——基于一种新型全要素能源生产率变动指标》，《管理世界》2015 年第 11 期。

林高榜：《衡量城市化与工业化比较水平的新指标研究》，《数量经济技术经济研究》2007 年第 1 期。

林毅夫、陈斌开：《发展战略、产业结构与收入分配》，《经济学》2013 年第 4 期。

林毅夫、刘明兴：《中国经济的增长收敛与收入分配》，《世界经济》2003 年第 8 期。

刘秉镰、王家庭：《中国工业化与城市化的协调发展研究——以珠江三角洲为范例》，《南开经济研究》2004 年第 1 期。

刘华军、张权、杨骞：《城镇化、空间溢出与区域经济增长》，《农业技术经济》2014 年第 10 期。

刘满凤、谢晗进：《我国工业化与城镇化的环境经济集聚双门槛效应分析》，《管理评论》2017 年第 10 期。

刘瑞明、石磊：《中国城市化迟滞的所有制基础：理论与经验证据》，《经济研究》2015 年第 4 期。

刘双明：《我国 FDI 与经济发展的协调度研究》，《统计研究》2007 年第 4 期。

陆铭：《玻璃幕墙下的劳动力流动——制度约束、社会互动与滞后的城市化》，《南方经济》2011 年第 6 期。

陆铭、陈钊：《城市化、城市倾向的经济政策与城乡收入差距》，《经济研究》2004 年第 6 期。

陆铭、向宽虎、陈钊：《中国的城市化和城市体系调整：基于文献的评论》，《世界经济》2011 年第 6 期。

逯进、周惠民：《中国省域人力资本与经济增长耦合关系的实证分析》，《数量经济技术经济研究》2013 年第 9 期。

路永忠、陈波翀：《中国城市化快速发展的机制研究》，《经济地理》2005 年第 4 期。

罗文章：《工业化与城市化协调互动理性思考》，《求索》2005 年第 4 期。

马丽梅、刘生龙、张晓：《能源结构、交通模式与雾霾污染——基于空间计量模型的研究》，《财贸经济》2016 年第 1 期。

倪鹏飞、徐海东：《面向 2035 年的中国城镇化》，《改革》2022 年第 8 期。

潘海峰、张定胜：《信贷约束、房价与经济增长关联性及空间溢出效应——基于省域面板数据的空间计量》，《中央财经大学学报》2018 年第 11 期。

彭红碧、杨峰：《新型城镇化道路的科学内涵》，《理论探索》2010 年第 4 期。

齐红倩、席旭文、高群媛：《中国城镇化发展水平测度及其经济增长效应的时变特征》，《经济学家》2015年第11期。

任保平：《高质量发展需要正确处理十大关系》，《经济参考报》2018年11月29日第4版。

任保平、张星星：《新中国70年工业化发展进程的演进及其未来趋势》，《西安财经学院学报》2019年第4期。

邵云飞、詹坤、吴言波：《突破性技术创新：理论综述与研究展望》，《技术经济》2017年第4期。

沈可、章元：《中国的城市化为什么长期滞后于工业化——资本密集型投资倾向视角的解释》，《金融研究》2013年第1期。

史炜、马聪卉、王建梅：《工业化和信息化融合发展的对策研究》，《数字通信世界》2010年第2期。

宋加山等：《产城融合视角下我国新型城镇化与新型工业化互动发展研究》，《科技进步与对策》2016年第17期。

苏丹妮、盛斌、邵朝对：《产业集聚与企业出口产品质量升级》，《中国工业经济》2018年第11期。

苏杭、郑磊、牟逸飞：《要素禀赋与中国制造业产业升级——基于WIOD和中国工业企业数据库的分析》，《管理世界》2017年第4期。

孙虎、乔标：《我国新型工业化与新型城镇化互动发展研究》，《地域研究与开放》2014年第4期。

孙久文、彭薇：《我国城市化进程的特点及其与工业化的关系研究》，《江淮论坛》2009年第6期。

孙久文、闫吴生：《城镇化与产业化协同发展研究》，《中国国情国力》2015年第6期。

孙久文、原倩：《"空间"的崛起及其对新经济地理学发展方向的影响》，《中国人民大学学报》2015年第1期。

孙良顺、田泽：《迈向更高水平城乡融合的新型城镇化——基于"城乡两栖"的讨论》，《经济学家》2022年第6期。

孙永强：《金融发展、城市化与城乡居民收入差距研究》，《金融研究》2012 年第 4 期。

唐晓华、张欣珏、李阳：《中国制造业与生产性服务业动态协调发展实证研究》，《经济研究》2018 年第 3 期。

陶长琪、周璇：《产业融合下的产业结构优化升级效应分析——基于信息产业与制造业耦联的实证研究》，《产业经济研究》2015 年第 3 期。

田文富：《"产城人"融合发展的绿色城镇化模式研究》，《学习论坛》2016 年第 3 期。

汪川：《工业化、城镇化与经济增长：孰为因孰为果》，《财贸经济》2017 年第 9 期。

汪光焘：《关于当代中国城镇化发展战略的思考》，《中国软科学》2002 年第 11 期。

王聪：《基于知识的新型工业化：内在逻辑与路径选择》，《天津社会科学》2016 年第 11 期。

王金田：《中国农业经济增长的空间效应分析》，中国农业科学院农经所 2013 年博士论文。

王梦晨、周密：《中国城镇化发展的动力选择：是人口容纳器还是创新集中地》，《当代经济研究》2020 年第 4 期。

王小鲁：《中国城市化路径与城市规模的经济学分析》，《经济研究》2010 年第 10 期。

王晓燕、李美洲：《信息化与新型工业化互动机制分析》，《科技管理研究》2009 年第 8 期。

王勇、刘厚莲：《中国工业绿色转型的减排效应及污染治理投入的影响》，《经济评论》2015 年第 4 期。

王智勇：《产业结构、城市化与地区经济增长——基于地市级单元的研究》，《产业经济研究》2013 年第 5 期。

王智勇：《工业化、城市化与中国地区经济增长——兼论中等收入阶段的跨越》，《劳动经济研究》2014 年第 2 期。

魏后凯、王颂吉：《中国"过度去工业化"现象剖析与理论反思》，《中国工业经济》2019 年第 1 期。

魏后凯：《怎样理解推进城镇化健康发展是结构调整的重要内容》，《人民日报》2005年1月19日第9版。

魏后凯、张燕：《全面推进中国城镇化绿色转型的思路与举措》，《经济纵横》2011年第9期。

魏后凯：《中国城镇化的进程与前景展望》，《中国经济学人》2015年第2期。

魏娟、李敏、曹玲：《基于创新理论的新型城市化支持系统研究》，《科技进步与对策》2008年第12期。

魏人民：《新型城镇化建设应解决的七个失衡问题》，《经济纵横》2013年第9期。

吴寿平：《工业化与城镇化融合动力机制：理论与启示》，《石家庄学院学报》2017年第1期。

夏杰长、倪红福：《中国经济增长的主导产业：服务业还是工业？》，《南京大学学报》（哲学·人文科学·社会科学版）2016年第3期。

向晶、钟甫宁：《农村人口转移、工业化和城镇化》，《农业经济问题》2018年第12期。

谢晗进、刘满凤、江雯：《我国工业化和城镇化协调的空间偏效应与污染集聚治理研究》，《南京财经大学学报》2019年第3期。

熊曦等：《新型城镇化、工业化与区域经济增长的关系研究——以湖南省为例》，《农业经济》2016年第6期。

徐大伟、段姗姗、刘春燕：《"三化"同步发展的内在机制与互动关系研究——基于协同学和机制设计理论》，《农业经济问题》2012年第2期。

徐静：《论贸易开放度对中国城镇化区域性失衡的影响》，《国际社会科学杂志》2013年第12期。

杨东伟：《供给侧改革与中国工业未来发展》，《中国工业评论》2016年第1期。

叶裕民、黄壬侠：《中国新型工业化与城市化互动机制研究》，《西南民族大学学报》（人文社科版）2004年第6期。

尹朝静：《城镇化、工业化对农业全要素生产率增长的影响研究——来自重庆 37 个县（区）面板数据的证据》，《重庆大学学报》2019 年第 9 期。

尹虹潘：《中国工业化水平的重新测度》，《经济学家》2019 年第 3 期。

尹稚：《健康城镇化：从数量增长到质量提升——城镇化战略重点的调整》，《城市规划》2013 年第 3 期。

余东华、胡亚男、吕逸楠：《新工业革命背景下"中国制造 2025"的技术创新路径和产业选择研究》，《天津社会科学》2015 年第 4 期。

余泳泽：《创新要素集聚、政府支持与科技创新效率——基于省域数据的空间面板计量分析》，《经济评论》2011 年第 2 期。

曾绍伦、张雨朦、邓想：《工业全要素能源效率研究进展与展望》，《生态经济》2018 年第 11 期。

张贡生：《中国绿色城镇化：框架及路径选择》，《哈尔滨工业大学学报》（社会科学版）2018 年第 3 期。

张海鹏：《中国城乡关系演变 70 年：从分割到融合》，《中国农村经济》2019 年第 2 期。

张虎、韩爱华：《制造业与生产性服务业耦合能否促进空间协调——基于 285 个城市数据的检验》，《统计研究》2019 年第 1 期。

张辉、闫强明、黄昊：《国际视野下中国结构转型的问题、影响与应对》，《中国工业经济》2019 年第 6 期。

张维：《信息化与工业化的相互作用机制探讨》，《当代经济》2012 年第 21 期。

张玉磊：《新型城镇化进程中市场与政府关系调适：一个新的分析框架》，《社会主义研究》2014 年第 4 期。

张占斌：《新型城镇化的战略意义和改革难题》，《国家行政学院学报》2013 年第 1 期。

赵昌文：《新型工业化的三个新趋势》，《人民日报》2019 年 3 月 29 日第 9 版。

赵放、刘秉镰：《行业间生产率联动对中国工业生产率增长的影响——引入经济距离矩阵的空间 GMM 估计》，《数量经济技术经济研究》2012 年第 3 期。

赵新平、周一星：《改革以来中国城市化道路及城市化理论研究述评》，《中国社会科学》2022 年第 2 期。

赵永平、徐盈之：《新型城镇化的经济增长效应：时空分异与传导路径分析》，《商业经济与管理》2014 年第 8 期。

郑耀群、薛冠男：《工业化、城镇化和农业现代化互动关系研究》，《产业经济评论》2018 年第 1 期。

中国社会科学院工业经济研究所课题组：《中国工业绿色转型研究》，《中国工业经济》2011 年第 4 期。

钟水映、李魁：《人口红利、空间外溢与省域经济增长》，《管理世界》2010 年第 4 期。

周亮、车磊、孙东琪：《中国城镇化与经济增长的耦合协调发展及其影响因素》，《经济地理》2019 年第 6 期。

周云波：《城市化、城乡差距以及全国居民总体收入差距的变动——收入差距倒 U 形假说的实证检验》，《经济学季刊》2009 年第 4 期。

英文参考文献

Adam Sirmal, "Industrialization as an engine of growth in developing countries: 1950 - 2005", *Structural Change and Economic Dynamics*, Vol. 23, No. 4, 2012.

Au C, Henderson J V, "How migration restrictions limit agglomeration and productivity in China", *Journal of Development Economics*, Vol. 80, No. 2, 2006.

Bairoch, Paul, *Cities and Economic Development: From the Dawn of History to the Present*, Chicago: The University of Chicago Press, 1988.

Barrios S, Bertinelli L, Strobl E, "Climatic Change and Rural-Urban Migration: The Case of Sub-Saharan Africa", *Journal of Urban Economics*, Vol. 60, No. 3, 2006.

Bertinellil L, Black D, "Urbanization and growth", *Journal of Urban Economics*, Vol. 56 No. 1, 2004.

Cecilia, Turnovsky, "Growth, Income Inequality, and Fiscal Policy: What Are the Relevant Trade-Offs?", *Journal of Money Credit & Banking*, Vol. 39, No. 2-3, 2007.

Charlot, Sylvie, C. Gaigné, F. Robert - Nicoud, and J. F. Thisse, "Agglomeration and Welfare: the Core-Periphery Model in the Light of Bentham, Kaldor, and Rawls", *Journal of Public Economics*, Vol. 90, No. 1, 2006.

Chris Freeman, Luc Soete, *The Economics of Industrial Innovation*, Cambridge: MIT Press, 3rd edition, 1997.

Christine Haaland, Cecil Konijnendijk van den Bosch, "Challenges and strategies for urban green-space planning in citiesundergoing densification: A review", *Urban Forestry and Urban Greening*, Vol. 14, No. 4, 2015.

Cohen B, "Urbanization in Developing Countries: Current Trends, Future Projections and Key Challenges for Sustainability", *Technology in Society*, No. 1, 2006, p. 63-80.

Conley T. G., Dupor B, "A spatial analysis of setoral complementarity", *Journal of Political Economy*, Vol. 111, No. 2, 2003.

Dale A, Newman LL, "Sustainable Development for Some: Green Urban Development and Affordability", *Local Environment*, Vol. 14, No. 7, 2009.

Datta A, "New urban utopias of postcolonial India: ´entrepreneurial urbanization´in Dholera smart city, Gujarat", *Dialogues in Human Geography*, Vol. 5, No. 1, 2015.

Davis, James C., J. Vernon Henderson, "Evidence on the Political Economy of the Urbanization Process", *Journal of Urban Economics*, Vol. 53, No. 1, 2003.

Dolata U, "Technological innovations and sectoral change: transformative capacity, adaptability, patterns of change: an analytical framework", *Rsearch Policy*, Vol. 38, No. 6, 2009.

Ellison, G. Glaeser, E. L. , and Kerr, W. , "What Causes Industry Agglomeration? Evidence from Coagglomeration Patterns", *American Economic Review*, Vol. 100, No. 3, 2010.

Englm aier F, Reisinger M, "Information, coordination and the industrialization of countries", *CES of Economic Studies*, Vol. 54, No. 3, 2008.

Englmaier, Reisinger, "Information, coordination and the industrialization of countries", *CESifo Economic Studies*, Vol. 54, No. 3, 2008.

Fay, Marianne, and Charlotte Opal, "Urbanization Without Growth: a Not–So–Uncommon Phenomenon", *The World Bank Policy Research Working Paper Series*, No. 2412, 2000.

Frank F. , "DARPA's Role in Radical Innovation", *Johns hopkins apl technical digest*, Vol. 20, No. 3, 1999.

Friedmann J, "Four theses in the study of China's urbanization", *International Journal of Urban and Regional Research*, Vol. 30, No. 2, 2006.

Fujita, Mori, "Transport Development and the Evolution of Economic Geography", *Portuguese Economic Journal*, No. 4, 2006, pp. 129–156.

Gandy M, "The ecological facades of Patrick Blanc", *Architectural Design*, Vol. 80, No. 3, 2010.

Gerald A. Carlino, Satyajit Chatterjee, "Robert M. Hunt. Urban density and the rate of invention", *Journal of Urban Economics*, No. 61, 2007, pp. 389–419.

Graves, P. , R. Sexton, "Over urbanization and its Relation to Economic Growth for Less Developed Countries", *Economic Forum*, Vol. 8, No. 1, 1979.

Gustav Ranis, John C. H. Fei, "A theory of economic development", *American Economic Review*, Vol. 51, No. 4, 1961.

Harris, John R. , Michael P, "Todaro. Migration, Unemployment &

Development: A Two – Sector Analysis", *American Economic Review*, Vol. 60, No. 1, 1970.

Henderson J V, Quigley J, Lim E, Urbanization in China: Policy Issues and Options, Cambridge: China Economic Research and Advisory Programme, Center for International Development at Harvard University, 2009.

Henderson J V, "The urbanization process and economic growth: the so-what question", *Journal of Economic Growth*, Vol. 8, No. 1, 2003.

Hertel T, Zhai F, "Labor market distortions, rural-urban inequality and the opening of China's economy", *Economic Modelling*, Vol. 23, No. 1, 2006.

Hoselitz, Bert F, "Generative and ParasiticCities", *Economic Development and Cultural Change*, Vol. 3, No. 3, 1955.

Hu, Cui-hong, "Rural Logistics System Based on Rural Informatization", *Asian Agricultural Research*, Vol. 2, No. 2, 2010.

James LeSage, R. Kelley Pace, *Introduction to Spatial Econometrics*, New York: Taylor & Francis-CRC Press, 2009.

Jevan Cherniwchan, "Economic growth, industrialization, and the environment", *Resource and Energy Economics*, Vol. 34, No. 4, 2012.

Jiaying Teng, Wei Zhang, Xianguo Wu, et al., "Overcoming the barriers for the development of green building certification in China", *Journal of Housing and the Built Environment*, Vol. 31, No. 1, 2015.

Jon B. Thornberry, "Competition and Cooperation: A Comparative Analysis of SEMATECH and the VLSI Research Project", *Enterprise & Society*, Vol. 3, No. 4, 2002.

Kebebe E, Duncan A J, Klerkx L, et al., "Understanding Socio-economic and Policy Constraints to Dairy Development in Ethiopia: A Coupled Functional-structural Innovation systems analysis", *Agricultural Systems*, Vol. 141, 2015, pp. 69–78.

Kh Zhang, S Song, "Rural-Urban Migration and Urbanization in China: Evidence From Time-Series and Cross-Section Analyses", *China Economic Review*, No. 14, 2003, pp. 386-400.

Koren Y, *The global manufacturing revolution: product-process-business integration and reconfigurable systems*, Hoboken: John Wiley & Sons; 2010.

Kotha S, "Mass customization: implementing the emerging paradigm for competitive advantage", *Long Range Planning*, Vol. 28, No. 6,1993.

Krey V, O'Neill B, Van Ruijven B, et al., "Urban and rural energy use and carbon dioxide emissions in Asia", *Energy Economics*, Vol. 34, No. 3, 2012.

Lewis, Arthur, "Economic Development with Unlimited Supplies of Labor", *The Manchester School*, Vol. 22, No. 2, 1954.

Lucas, Robert E, "On the Mechanics of Economic Development", *Journal of Monetary Economics*, Vol. 22, No. 1, 1989.

Maier G, History, "Spatial Structure, and Regional Growth: Lessons for Policy Making", *Advances in Spatial Science*, No. 4, 2011, pp. 111-134.

Malhotra S, "Population Health through Inclusive Urban Planning: Healthier Communities and Sustainable Urban Development in Indian Cities", *Sustainable Development Law & Policy*, No. 1, 2010, pp. 51-60.

Marshall, *Principles of Economics*, London: Macmillan and Co., Ltd., 1920.

Martin p, C. A. Rogers, "Industrial Location and public infrastructure", *Journal of International Economics*, No. 39, 1995, pp. 335-351.

Michaels G, Rauch F, Redding S, "Urbanization and structural transformation", *The Quarterly Journal of Ecanomics*, Vol. 127, No. 2, 2012.

Mokyr J, "Are We Living in the Middle of an Industrial Revolution?", *Economic Review*, No. 2, 1997, pp. 31-43.

Mokyr J, "The Industrial Revolution in the Low Countries in the First

Half of the Nineteenth Century: A Comparative Case Study", *The Journal of Economic History*, Vol. 34, No. 2, 1974.

Moomaw, Shatter, "Urbanization and economic development: A bias toward large cities", *Journal of Ploitical Economy*, No. 40, 1996, pp. 13-37.

Naughton B, *The Chinese Economy: Transitions and Growth*, Cambridge: MIT Press, 2007.

Nessa Winston, Montserrat Pareja Eastaway, "Sustainable Housing in the Urban Context: InternationalSustainable Development Indicator Sets and Housing", *Social Indicators Research*, Vol. 87, No. 2, 2008.

Pflüger, M., T. Tabuchi, "The Size of Regions with Land Use for Production", *Regional Science and Urban Economics*, Vol. 40, No. 6, 2010.

Piebalgs A, "How the European Union is preparing the 'Third Industrial Revolution' with an innovative energy policy", *EUI-RSCAS Working Papers*, 2009.

Pisano G P, Shih W C, "Does America Really Need Manufacturing?", *Harvard Business Review*, Vol. 90, No. 3, 2012.

P Krugman, A Venables, "Globalization and the Inequality of Nations", *The Quarterly Journal of Economics*, Vol. 110, No. 4, 1995.

P Krugman, "Increasing Returns and Economic Geography", *The Journal of Political Economy*, Vol. 99, No. 3, 1991.

Rifkin J., "The third industrial revolution: How lateral power is transforming energy, the economy, and the world", *Civil Engineering*, Vol. 82, No. 1, 2012.

Robinson S., "A note on the U hypothesis relating income inequality and economic development", *The American Economic Review*, Vol. 66, No. 3, 1976.

Rosenthal S S, Strange W C, "The determinants of agglomeration", *Journal of Urban Economics*, Vol. 50, No. 2, 2001.

Rosenthan, S S, Strange, W C, "Evidence on the Nature and Sources of Agglomeration", *Handbook of Urban and Regional Economics*, No. 4, 2004, pp. 2119-2171.

Rossi U, Di Bella A, "Start-up urbanism: New York, Rio de Janeiro and the global urbanization of technology-based economies", *Environment and Planning A*, Vol. 49, No. 5, 2017.

Schoenberger E, Walker R A, "Beyond exchange and agglomeration: Resource flows and city environments as wellsprings of urban growth", *Journal of Economic Geography*, Vol. 17, No. 5, 2016.

Shahiduzzaman M, Alam K, "Information Technology and Its Changing Roles to Economic Growth and Productivity in Australia", *Telecommunication Policy*, Vol. 38, No. 2, 2014.

Siemiatycki E. "A smooth ride? From industrial to creative urbanism in Oshawa, Ontario", *International Journal of Urban and Regional Research*, Vol. 37, No. 5, 2013.

Singelmann J, "The Sectoral Transformation of the labor force in service industrialized countries, 1920—1970", *The American Journal of Sociology*, Vol. 83, No. 5, 1978.

Sun D, Zhou L, Yu L I, et al., "New-type urbanization in China: Predicted trends and investment demand for 2015-2030", *Journal of Geographical Sciences*, Vol 27, No. 8, 2017.

Sung K, Kong H K, Kim T, "Convergence indicator: the case of cloud computing", *The Journal of Supercomputing*, Vol. 65, No. 1, 2013.

Trippl M, Maier G, "Knowledge spillover agents and regional development", *Papers in Regional Science*, Vol. 89, No. 2, 2010.

T. F. Bresnahan et al., "Schumperterian competition and diseconomies of scope: illustrations from the histories of microsoft and IBM", *School Strategy Unit Working Paper*, 2011, No. 11-077.

Yang X, Rice R, "An equilibrium model endogenizing the emergence of a dual structure between the urban and rural sectors", *Journal of Urban*

Economics, Vol. 35, No. 3, 2014.

Zhiqiang Liu, "Human Capital Externalities in Cities: Evidence from Chinese Manufacturing Firms", *Journal of Economic Geography*, Vol. 14, No. 3, 2014.